◇总主编：饶从满◇

世界公民教育史研究丛书

The History of Citizenship Education around the World

法国公民教育史研究

FAGUO GONGMIN JIAOYUSHI YANJIU

王晓辉 著

GONGMIN
JIAOYUSHI

东北师范大学出版社

长 春

图书在版编目（CIP）数据

法国公民教育史研究/王晓辉著. —长春：东北师范大学出版社，2021.10

ISBN 978 - 7 - 5681 - 8471 - 7

Ⅰ. ①法… Ⅱ. ①王… Ⅲ. ①公民教育—教育史—研究—法国 Ⅳ. ①D756.54

中国版本图书馆 CIP 数据核字（2021）第 209358 号

□责任编辑：张正吉 □封面设计：隋福成
□责任校对：黄玉波 □责任印制：许 冰

东北师范大学出版社出版发行
长春净月经济开发区金宝街 118 号（邮政编码：130117）
电话：0431—85687213
传真：0431—85691969
网址：http：//www.nenup.com
电子函件：sdcbs@mail.jl.cn
东北师范大学音像出版社制版
吉林省良原印业有限公司印装
长春市净月小合台工业区（邮政编码：130117）
2022 年 8 月第 1 版　2022 年 8 月第 1 次印刷
幅面尺寸：169 mm×239 mm　印张：11.75　字数：157 千

定价：60.00 元

丛书序言①

　　价值教育自学校教育诞生以来一直是学校教育的重要组成部分。与对价值教育的重要性有着高度共识形成鲜明对比的是，人们对于选择什么样的价值以及以什么样的方式将这些价值传递给下一代却存在较大的分歧。这种分歧不仅表现在不同个体之间、不同国家或地区之间，也表现在一个国家的不同历史时期。这种分歧在很多时候表现在话语体系的不同上。

　　就我国而言，1949 年中华人民共和国成立以来，我国至少出现了三种价值教育话语体系：德育话语体系、公民教育话语体系和思想政治教育话语体系。德育其实原本是道德教育的简称，但是在我国德育话语体系中，德育是一个包含思想教育、政治教育、道德教育乃至心理健康教育等要素的广义概念。在德育话语体系下，偶有关于公民教育的讨论，但是无论在理论层面还是在实践层面，公民教育基本都被视为德育的内容要素。尽管道德教育只是广义德育的一个组成部分，甚至在某些时候只是微不足道的内容（如"文革"时期），但是给德育深深刻上了传统中国道德教育的印记——推崇"圣人"教育，强调高大上的理想人格的培养。在德育话语体系下开展价值教育的研究与实践，需要直面一些理论难题，包括：如何界定"德"这一核心概念？如何根据思想教育、政治教育、道德教育等各自的性质开发、选择和运用恰当的教育方式和方法？在德育话语体系下，教育工作者讨论比较多的话题就是如何提高德育的实效性。德育低效产生的原因固然很多，但是与这一话语体系内在的一些理论难题未得到解决也有很大的关系。

　　很多人在技术和方法层面思考如何提高德育的实效性，但也有一些研究者跳出已有的德育话语体系，转向公民教育话语体系寻求价值教育的出路。构成这一转向的背景包括我国由计划经济向社会主义市场经济转型以及社会主义政治文明建设等，但是构成转向的直接契机是有关国人道德水

---

　　① 本序言的部分思想曾经发表在《中国德育》2020 年第 17 期。

准的反思和讨论：一个有着悠久道德教育传统的国度为什么还存在令人堪忧的道德危机？而那些没有像我们那样对道德表现出那么神圣推崇的国家，其国民为什么会表现出良好的道德意识？许多研究者指出，从扭转社会风气的角度来看，"公民"教育的效果较好于"圣人"教育，其主要原因即在于做一个合格公民容易，而做一个圣人比较难。于是，在世纪之交的一段时间里，公民教育成为热点话题。随着讨论的展开，公民教育不再仅仅被视为德育的内容要素，而是逐渐被看作价值教育的目标。一些研究者倡导中国价值教育由德育体系向公民教育体系转型，不是要在现有的德育体系中增加公民教育的内容，而是强调要将公民教育置于目标和价值取向层面进行思考。

学术界参与公民教育探讨的人群主要来自三个方面：一是政治学研究者；二是教育学研究者；三是思想政治教育研究者。政治学研究者更多地关心公民教育的政治哲学基础；教育学研究者或者进行原理层面的应然探讨，或者进行国外公民教育的引介；思想政治教育研究者则更多地基于实践需要，从思想政治教育的角度去审视公民教育。世纪之交有关公民教育的探讨存在一些问题：一是对公民教育的复杂性和多样性的理解不充分。公民教育源于西方，但是西方的公民教育在不同的国家和地区有不同的表现，在不同的历史时期各异。公民教育的思想基础不仅有自由主义，还有共和主义、社群主义、多元文化主义等。我们有部分研究者往往认为自由主义的公民教育涵盖复杂多样的公民教育理论与实践。对公民教育复杂性和多样性的忽略会导致对公民教育的片面理解甚至误解。二是未能将公民教育这一舶来话语进行必要转换，进而与本土的德育话语体系进行有机嫁接。公民教育话语毕竟是舶来品，与德育话语的生长环境与土壤不同，如何将这一新的话语转换成德育话语体系熏陶下的人们能够理解和接受的话语，是研究者不能回避的课题。当前，我国价值教育话语体系走向思想政治教育话语体系而非公民教育体系，固然有更大的社会政治背景的原因，但是也在一定程度上说明我们的公民教育研究还有很多工作需要去做。

当前的思想政治教育话语体系，虽然从内容要素上讲，与德育话语体系并不存在什么大的差别，但是在目标和价值取向上发生了巨大变化，那就是思想政治教育，特别是思想教育具有了统帅地位。换句话说，思想教育不仅是价值教育的内容要素，还是价值教育的目标，发挥着引领和规制价值教育方向的作用。在此背景下，我们需要思考公民教育的生长空间问题：中国到底需不需要公民教育？如果需要的话，需要什么样的公民教育？如何有效开展符合中国国情和发展需要的公民教育？

我赞同一些研究者的观点，在当前的背景下，我们尤其要坚定对公民教育的信念。公民教育是在现代民族国家中形成并发展起来的。它以培养公民在民主与法治的框架内参与社会政治生活所需的基本素质为主要目标，并以与公民作为法定的权利和义务主体相关的政治、法律、道德等方面的教育为主要内容，是为民族国家这一社会政治共同体培养合格成员的一种教育。公民教育事关国家稳定与社会发展的基础，是现代民族国家得以凝聚、延续、稳定与可持续发展的根本所在。因此，开展适合本国国情的现代公民教育已经成为世界各国的一个根本性选择。尤其是20世纪90年代以来，随着全球化的持续深入、国际竞争的加剧，公民教育在世界范围内又一次掀起热潮，如何培养负责任的、有效参与的主动公民成为世界范围内的热点议题。

改革开放40多年来，中国的现代化建设取得了举世瞩目的成就，社会发生了翻天覆地的变化。伴随中国现代化进程的不断深化，特别是进入新世纪以来，实施公民教育的必要性日益凸显。2010年颁布的《国家中长期教育改革和发展规划纲要》中也明确提出："加强公民意识教育，树立社会主义民主法治、自由平等、公平正义理念，培养社会主义合格公民。"越来越多的学者和有识之士也呼吁加强公民教育。檀传宝教授就曾从积极与消极两个方面阐释了必须大力开展公民教育的理由。所谓积极的理由，在于"个人生活幸福和法治社会的建设"。从个人生活的视角而言，个人生活幸福"是任何一个社会都应该通过公民教育去完成的历史课题"；从社会发展的视角而言，"法治社会建设的基础在于公民教育的开展"。而所谓消极的理由，是指公民教育是"建立理性和牢固的国家认同、权利认同"的需要。概而言之，"要建设法治中国，要让人民生活幸福，高品质公民教育建构与实践势在必行"；"建立理性和牢靠的国家认同、权利认同，更需要高品质公民教育的建构与实践"。①

本人高度认同檀传宝教授的观点。中国要建设成一个民主、法治的现代化国家，实现中华民族的伟大复兴，对人类世界做出新的贡献，必须要有足够多的现代公民为之奋斗。而民主法治的现代化国家不仅要靠制度建

① 檀传宝.总序［M］//刘争先.国民教育与国家建构互动关系研究.杭州：浙江教育出版社，2021：1-4.

设，更要靠公民意识的支撑。公民教育的民主法治取向也是我们的社会主义核心价值的重要内容，公民教育的构成要素也是我们的德育或思想政治教育的重要组成部分。公民教育是我们培养社会主义合格公民的必要措施。

在这样的信念之下，我们的研究者需要将我们作为研究者的信念变成教育决策者和实践者的信念，为此需要在以下两个方面加强研究工作：一是加强对公民教育的比较历史研究，深化对公民教育的复杂性、多样性及其本质的理解，并通过研究成果使教育决策者和实践者认识到：就像市场经济并非只属于资本主义一样，公民教育虽然源于西方，但是并非只属于西方；就像在资本主义世界里不同的国家和不同的历史时期有着不同的市场经济模式一样，公民教育在世界上不同国家、不同历史时期里也有各种不同的模式。对于公民教育的总体认识，对于公民教育内涵的各种分歧与争论，只有对公民教育的实际历史进程和大趋势有较好的把握之后，才可能得到解决。二是在深入理解公民教育的基础上，推进公民教育话语的本土化，将公民教育话语与我们的价值教育传统与现实进行有机嫁接，使其有效解决中国价值教育的问题。上述两项工作中前一项更具有基础性地位。正是基于如上认识，我们策划出版一套《世界公民教育史研究丛书》。

本套丛书计划以美国、英国、法国、德国、加拿大、澳大利亚、俄罗斯、日本、韩国和中国 10 个国家的公民教育发展史为主要研究对象，通过将各国公民教育的发展置于各自国家发展的大背景下进行立体考察，以揭示不同国家公民教育的产生与发展的基本过程，探寻各国公民教育在理念、目标、内容、组织形式及实施策略等方面的成功经验与深刻教训，并分析公民教育与国家发展之间的关系。之所以选取这 10 个国家作为研究对象，主要考虑到这 10 个国家在文化类型和现代化类型方面比较具有代表性，其中既有英美文化和欧陆文化的代表国，又有东亚文化特征的国家；既有先发—内源性现代化国家，又有后发—外源性现代化国家；既有现代化的"先行国"、现代化的"后进国"，又有现代化的"迟到国"。研究这些国家的公民教育发展史有利于揭示公民教育的发展与国家发展及文化取向之间的联系。

公民教育研究在我国开展的时间还不够长，无论是在研究的广度和深度上都是一个有待进一步发展的领域。虽然我们可以在学术期刊上找到一些关于世界主要国家公民教育史的文章，或者在某本著作中能够找到某个或某些国家公民教育史的章节，但是迄今为止系统深入地考察某个国家公民教育史的著作还不多见。

　　这套丛书从策划到目前的出版，经历了很长时间。丛书能够出版，有赖于作者们的辛勤努力，更得益于东北师范大学出版社特别是张恰副社长的鼎力支持，在此一并致谢！需要说明的是，由于众多原因，本套丛书需要分批出版。本次率先推出的是英国、法国、澳大利亚和加拿大四个国别的研究成果。衷心希望本套丛书的出版能够为我国公民教育研究的深入发展奠定一个坚实的基础。

2021 年 10 月 25 日

于东北师范大学国际与比较教育研究所

目　　录

绪　　论

公民，是一个久远且崭新的概念。早在古希腊，公民是指有权力制定治理城邦法律的人，但不含妇女和儿童。在现代，公民是指具有一个国家的国籍，根据该国的法律规范享有权利和承担义务的自然人。公民的根本权利就是享有独立人格和自由。公民的首要义务便是遵守法律，就是在法律的框架内行使其自由，开展其活动，构建与他人的关系。

"公民，并非具有其弱点，其自私，其盲目与狂热的现实个体，而是具有理性的明智的人。他依据所有人的共同理性的指令讲话，因此他没有阶级的偏见，也没有经济条件上的内在忧虑。他能够对公共事务发表意见，而囿于其个人利益。简而言之，这是一种神圣而世俗的态度，这应当成为主权国家中无私成员的素质。"①

公民具有天然的属性，而公民资格（citizenship）则需要养成。公民教育则是在公民概念的基础上为构建公民资格而实施的一种教育。奥迪杰（François Audigier）认为，公民教育的核心任务是帮助儿童形成社会道德概念，而这一工作涉及四个方面的范畴：法律、道德、政治、社会。

公民教育是现代社会的产物。公民教育之前，社会文明的传承和社会秩序的维持主要由道德教育和宗教教育承担。

道德教育的意义在于传递一种价值。宗教相信永恒不变的价值，而实证主义和马克思主义主张价值的变革和进步，因此实证主义和马克思主义对法国现代道德教育产生了重大影响。

---

① Georges Burdeau. Droit constitutionnel et institutions politiques.

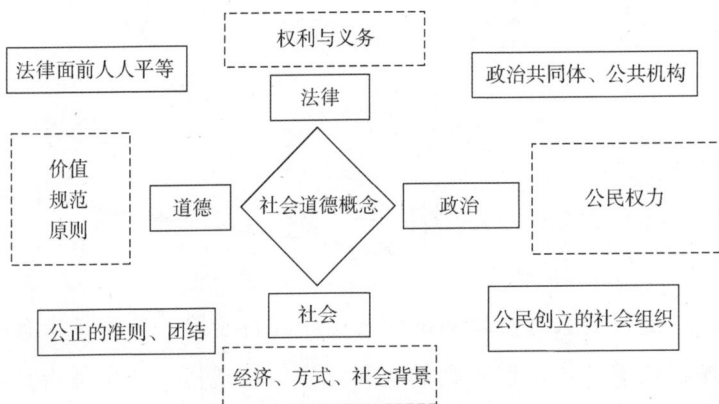

资料来源：François Audigier. L'éducation à la citoyenneté. http://didactique-histoire-net.site-preview.net/IMG/pdf/Citoyennete_Conference_Audigier.pdf

奥古斯特·孔德（Auguste Comte）创立的实证主义学说是西方哲学由近代转入现代的重要标志之一。孔德试图用"三阶段法则（Loi des trois états）"来解释人类智慧的进步。他认为，人类认识相继经历了神学、形而上学和科学阶段。在神学阶段中，各种现象被解释为上帝的存在与行为；形而上学阶段，是在抽象的原则和原因中寻求与探索解释；科学阶段是用科学法则来解释世界。神学阶段对应着神权政治社会，其秩序由宗教戒律和王权校准与掌控。形而上学阶段则是在政府民主形式下，思想逐步解放，但无序仍是这一阶段的特征。实证阶段是建立在确认科学真理基础之上的最终秩序状态，在新的等级社会之中，世俗权力由学者的精神力量掌控，体现着实证主义的格言："秩序与进步"。

在道德领域，实证主义强调全部道德的原则在人与人之间的关系准则中寻求，即在以利他主义为基础的品质中寻求。实证主义否定神学的个人灵魂拯救，而倡导人道主义，认为家庭是社会关系准则发展的摇篮，母亲则是家庭教育的主导。人道主义作为伟大人类的庆典，将构建新的组织结构。一个新的秩序即将诞生，人道主义将在那里臻于完美。

实证主义学说直接影响了法兰西第三共和国的教育部部长儒尔·费里，他是以义务、世俗和免费为原则的公共教育系统的创立者。费里宣称："真正的道德，伟大的道德，永恒的道德，便是无修饰语的道德……这一道德存在于人类本身，存在于人类意识深处，其统一性便是意识统一性的证明。"①

迪尔凯姆（E. Durkheim）论述教育时有这样一段名言："教育是几代成年人向几代对于社会生活尚不成熟的人施加的行为。其目的是为了激发和培养就整体而言的政治社会和儿童将面临的特殊环境所要求的儿童的身体、智力和道德素质。"②迪尔凯姆认为，教育的首要作用就是使青年一代社会化，学校应当成为社会统一的工具，否则任何社会都不可能存在。

马克思主义以历史唯物主义和辩证唯物主义来解释世界，宣称未来的人将从物质的束缚中解放出来，在一个团结一致、相互依赖的社会中全面发展。马克思主义世界观对于道德与政治均有影响。其最终目标是认识与促进全面发展的人，即实现人的能力的全面发展和享有全部权利，这样的人享有物质与精神上的幸福，在相互的团结中既被他人承认又承认他人。

正是由于马克思主义者对法国教育制度的批判，法国公民教育的设计更多地求助于文艺复兴和启蒙运动所开创的自由平等思想，特别是在法国大革命中诞生的《人与公民权利宣言》及其"自由、平等、博爱"理念和1948年的《世界人权宣言》中的人权理念。需要指出的是，由于社会主义国家对起草《世界人权宣言》的参与，马克思主义的人权理念也体现其中。人权不仅仅是资产阶级注重的所有权，还包括人生存的各种基本权利——劳动权、休息权、最低生活保障权，特别是受教育权和文化权。1948年的宣言虽然重视集体的权利和个人对社会的义务，但仍以个人权利为基础，集体权利不是个体权利的代表，不能凌驾于个

---

① Louis Legrand. L'influence du positivisme dans l'oeuvre scolaire de Jules Ferry, Rivière, 1961：155.

② E. Durkheim. Education et Sociologie. PUF, 1992：50-51.

体权利之上。

法国大革命的重要代表人物孔多塞（Condorcet）曾提出公民教育的概念。1882 年，法国制定了关于教育世俗化的法律，禁止在公立学校内进行宗教教育。

教育世俗化是法国公民教育的重要特色。"世俗"（laïcité）一词源于希腊语"laos"，出现于 19 世纪 60 年代，意指不同于教士的民众。世俗化作为法国社会的一项基本原则，被认为是国家和民族统一的重要工具。1958 年的法国宪法规定："法兰西共和国是不可分割的、世俗的、民主的和社会的共和国。它保证所有公民在法律面前的平等，不区分出身、种族与宗教。它尊重各种信仰。"但长期以来，"世俗"一词并无严格定义，直至 2004 年才由相关委员会提出被人们广泛认可的定义："世俗，作为共和国公约的试金石，建立在三个不可分割的价值之上：信仰自由、思想与宗教选择权利平等、公共权力中立。"[1]

自 1883 年的课程大纲设置"道德与公民教育"课起，道德教育便被置于共和国学校的中心位置。无论是宗教的或非宗教的教育机构，道德的概念集中于"善"和人类的理想：做诚实的人，做好的基督徒，做好的公民。[2]学校的道德与公民教育课的基本目的就是教育儿童成为"驯服的公民"（citoyenneté d'obéissance）[3]。20 世纪 20 年代，法国中学的初级班也没有开设道德与公民教育课，因为这些资产阶级子女被认为在家庭教育中通过学习经典名著便可以掌握传统价值。到了 1940 年，法国中等教育中仍不开设道德与公民教育课。

20 世纪 60 年代，法国经历了重大社会变革，反对殖民主义的战争

---

[1] Bernard Stasi, rapport de la Commission sur l'application du principe de laïcité dans la République, le 11 décembre 2003. http://lesrapports. ladocumentationfrancaise. fr/BRP/034000725/0000. pdf

[2] Laurence Loeffel. Morale laïque：pour un enseignement laïque de la morale. http：//www. education. gouv. fr/cid71583/morale-laique-pour-un-enseignement-laique-de-la-morale. html.

[3] François Audigier. L'éducation civique dans l'école française. http://www. sowi-onlinejournal. de/2002-2/france _ audigier. html.

汹涌澎湃，高消费时期的到来，时尚的自由化，特别是 1968 年的五月学潮，使公民与道德教育面临严重挑战，作为独立学科的公民教育于 1969 年在小学被取消，融入启蒙课之中。1985 年，时任教育部长的舍韦内芒（Jean-Pierre Chevènement）在小学和初中恢复了公民教育。其基本出发点是不同文化背景青年的社会融合，课程内容也基本是重拾传统主题，特别是强调共和国的价值。

20 世纪 90 年代中期，随着冷战结束与全球化的到来，民主社会进一步呈现思想与信仰的多元化，强制灌输传统道德已不可能，发展公民能力与学会共处成为法国公民教育的重点。

发展公民能力的一方面，是要确认构成民主的一些基本要素：承认全体人类的尊严；承认人的社会、经济、职业、政治权利；承认法治国家的存在；承认自由选举的权利；承认公民、社会团体、政党之间自由表述和对话的权利。另一方面，个人参与决策的行为也是民主良好运行的重要因素。个人民主行为取决于成为公民的能力和扩大公民意识的能力。公民能力应当尽早培养，并要成为终身教育的重要内容。

"学会共处"是国际 21 世纪教育委员会于 1996 年向联合国教科文组织提交的报告《教育——财富蕴藏其中》中提出的教育四大支柱之一。学会共处意味着拒绝社会的两极分化、歧视和暴力行为。人类将成为"有根基的人和有触角的人"，既有自己的语言、自己存在的时间和空间、自己的规范、自己的价值，又对其他文化开放。

2008 年，道德教育重归小学，课程名称为"公民与道德教育"，"己所不欲，勿施于人"等一些基本道德原则成为教学的主要内容。初中的公民教育是小学公民与道德教育的延伸，主要培养人的责任心，为将来的公民教育作准备。

在中学，传统上并无专门的公民或道德教育课程。人与公民的培养主要是通过古典文学、古拉丁语和希腊语等人文课程来实现。1999 年创建的高中的公民、法治与社会教育使法国公民教育成为一个完整的系统。

　　法国的道德教育自产生以来，从未系统地实施过，而是附带与关联着学校或国家的大事件，并结合历史等其他学科进行。特别是在思想和宗教信仰多元化的社会，人与人的关系存在更多的明显的或潜在的冲突。为了化解社会矛盾，学校公民与道德教育需要承担更多的责任。因此，即使法国公民教育现在已经比较完善，但仍须不断改革，以适应社会的变化与发展。

第一章　公民教育的前身（1789 年之前）

公民教育是现代法治社会的产物，而之前社会的文明与秩序主要由宗教和道德维系。1789 年法国大革命之前，法国社会意识被天主教垄断，天主教会既是宗教信条的传播者，又承担着道德传承使命。随着启蒙思想和人文主义的发展，世俗道德和公民教育的主张逐渐萌发，公民教育呼之欲出。

第一节　宗教与道德教育

在中世纪，教育被天主教所垄断，除了继续学习写字和练习计数之外，儿童很早便开始背诵《圣经》，并从中学习拉丁文。而学习文字和计算的主要目的是学习以"十诫"为核心的天主教教义，只有认识上帝及其法则，背负原罪的人才能成为上帝承认的人。天主教试图向人们灌输一种神圣的价值，这种价值凌驾于国家和一切权力之上，因此，培养公民的教育不是为了城邦，也不是为了祖国，而是为了上帝。或者说，所有人都是上帝的子民，人与人之间都是平等的，并无阶级差别。[①]

因为人生来便带有原罪，其本能会伤害社会秩序。"只有启示宗教教育才能发现人的弱点，为人提供救赎与原谅，并要求人恪守一种既严

[①]　Jean Vial. Histoire de l'éducation，PUF，Paris 1979：39.

厉又可行的道德。"①

从宗教的角度来讲，控制人的行为不是依靠教育得来的理性，而是宗教信仰。人的灵魂不灭，只是存在于另一个世界。在那个永恒的世界中，善将得到奖赏，恶将受到惩罚。

18 世纪中叶，随着人文主义的发展，道德的概念开始渗透到中学。尽管崇拜上帝、接受上帝的旨意、鄙视财富等宗教观念依然存在，道德的色彩更加突出。

在当时的道德看来，任何雄心壮志都是荒谬的，即使一些目标达到了，新的烦恼还会产生，奴颜婢膝的尊崇、虚假的朋友、对失势的恐惧都不可避免，而人最终都要死亡。因此，首要的道德是屈从于死亡、贫困和不平等。相对于财富，友谊是最值得珍惜的，唯一应当把握的，就是限制自己的欲望。人们也不应当无所事事，或视物质利益如浮云，或对一切事物冷漠。当时的道德还告诉人们，学习是有益的，科学知识的获得并不轻松，需要勇敢，需要努力。

当时社会还提倡尊重与热爱权威。青年人应当服从家长的权威，尊敬长辈，同时服从国王的统治，因为国王是所有臣民的共同之父。青年人还应当热爱劳动，同时安于社会等级的现状。而当时的社会规范就是：子女服从于父亲，父亲服从于国王，国王服从于上帝。②

总之，在旧制度下的法国，其教育的目标就是培养忠实信仰天主教、忠实国王、遵守当时习俗的臣民。

---

① Abbé Paul de Broglie, Dieu, la conscience, le devoir. Psychlogie élémentaire. Morale théorique et pratique, Paris, Putois-Cretté, 1883: 264. Yves Déloye. École et citoyenneté. L'individualisme républicain de Jules Ferry à Vichy: controverses. Paris, 1994: 53.

② Michel Rouche, François Lebrun, Marc Venard, Jean Quéniart. Histoire générale de l'enseignement et de l'éducation en France. tome 2, Perrin, Paris, 2004: 520-521.

第二节　人文主义中的公民教育思想

18 世纪文艺复兴时期，人文主义开始影响学校。

卢梭（1712—1778）是法国著名启蒙思想家、哲学家、教育家、文学家，出生于瑞士日内瓦一个钟表匠的家庭，是 18 世纪法国大革命的思想先驱，启蒙运动最卓越的代表人物之一。主要著作有《论人类不平等的起源和基础》《社会契约论》《爱弥儿》《忏悔录》等。

在法国，卢梭在《论人类不平等的起源和基础》一书中，最早使用"公民社会"（société civile）的概念。在卢梭看来，通过参与缔结社会契约，公民成为政治共同体不可分割的一部分，成为国家的主人，也就是说，"作为主权权威的参与者，就叫作公民。作为国家法律的服从者，就叫作臣民"[①]。

在卢梭看来，公民教育是国家建设的基础，自由和道德均建立在公民教育之上，"没有自由就不会有爱国思想；没有道德，何来自由；没有公民，就无所谓道德；培养公民，你就有你所需要的一切东西；没有公民，则自国家的统治者以下，除了一些奴隶之外，你一无所有。培养公民并非一日之功，打算培养公民，就一定要从儿童时代教育起来"[②]。

卢梭重视宗教对人的教化作用，并对宗教的社会作用有过深刻的分析。如果说，一个社会不能脱离宗教，那么"公民的宗教"则是服务于国家的基础，而"神甫的宗教"则是将公民的心从国家中剥离至天国的事业。"因此，就要有一篇纯粹公民信仰的宣言，这篇宣言的条款应该由主权者规定；这些条款并非严格地作为宗教的教条，而只是作为社会

---

① 卢梭. 社会契约论 [M]. 何兆武，译. 北京：商务印书馆，2003：21.
② 卢梭. 论政治经济学 [M]. 王运成，译. 北京：商务印书馆，1962：21.

性的感情，没有这种感情则一个人既不可能是良好的公民，也不可能是忠实的臣民。它虽然不能强迫任何人相信它们，但它可以把任何不信它们的人驱逐出境；它可以驱逐这种人，并不是因为他们不敬神，而是因为他们的反社会性，因为他们不可能真诚地爱法律、爱正义，不能在必要时为尽自己的义务而牺牲自己的生命。"①

卢梭主张，"每个公民都应该有一个宗教，因为宗教可以使他们热爱自己的责任。对于国家来说，宗教的教条只有当其涉及道德与责任——而这种道德与责任又是宣扬这种宗教的人自己也必须对别人履行——的时候，才与国家及其成员有关。此外，每个人都可以有他自己所喜欢的意见，而主权者对于这些意见是不能过问的。因为，既然主权者对另一个世界是根本无能为力的，所以只要臣民们今生是好公民，则无论他们来世的命运如何，就都不是主权者的事情了"②。

卢梭设想，"公民宗教的教条应该简单，条款很少，词句精确，无须解说和注释。全能的、睿智的、仁慈的、先知而又圣明的神明之存在，未来的生命，正直者的幸福，对坏人的惩罚，社会契约与法律的神圣性——这些就是正面的教条"。卢梭还指出，公民宗教应当宽容，因此作为公民宗教反面的教条，卢梭"把它只限于一条，那就是不宽容；它是属于我们所已经排斥过的宗教崇拜的范围之内的"③。

德尼·狄德罗（Denis Diderot，1713—1784）是法国启蒙思想家、唯物主义哲学家、无神论者和作家，百科全书派的代表。他的最大成就是主编《百科全书》。此书概括了 18 世纪启蒙运动的精神。狄德罗在《百科全书》的"道德"（Morale）词条中将道德定义为"描述一种明智行为和获得与行动相适应的方法的科学"，同时认为由于道德思想的复

---

① 卢梭. 社会契约论 [M]. 何兆武，译. 北京：商务印书馆，2003：209.
② 卢梭. 社会契约论 [M]. 何兆武，译. 北京：商务印书馆，2003：208.
③ 卢梭. 社会契约论 [M]. 何兆武，译. 北京：商务印书馆，2003：210.

杂性，"我们不能以论据的方式对待道德"。①在"公民"词条中，狄德罗认真区分了"公民"（citoyen）与"臣民"（sujet）两个概念。他批评霍布斯（Hobbes）未能把两种不同的身份区分开，而这一区分是十分重要的。他认为，专制君主只有臣民，公民则是具备"至高道德的人"，并以此身份参与主权的维护。而参与主权的公民须具备一定的能力，也必须具有受教育的权利。②狄德罗还指出，公民在财富上越是平等，国家越是安宁。因此他强调，教育城市居民十分紧迫，儿童不能对其祖国漠然不知。教育的目的是创造真正的民族精神，教育在基本上应当是公民的和道德的，教师应当培养知晓公民权利和义务的公民。

拉夏洛泰（Louis René La Chalotais，1705—1785），法国教育家。1752 年任布列塔尼高等法院的总检察长。1761 年和 1762 年，两次为高等法院草拟《关于〈耶稣会规程〉的报告》，抨击耶稣会对法国政治与教育的不良影响。1763 年，出版《论国民教育》，阐述他的教育主张。

拉夏洛泰的核心教育思想，是建立国家的教育。他说："我想为民族要求一个只能依赖于国家的教育，因为教育在本质上属于国家，因为全民族具有不可剥夺和不受时效约束的教育其成员的权利；因为国家的儿童必须由国家的成员施以教育。"③

正是在国家教育的意义上，拉夏洛泰主张实施公民教育，"公共福利、国家的荣誉要求公民教育，为每一新生代成功实现国家需要的不同职业"④。然而，拉夏洛泰与启蒙思想家一脉相承，也不主张对公众实施

---

① Corinne Doria. L'éducation morale dans les projets de loi sur l'instruction publique pendant la Révolution: un miroir des antinomies des Lumières. La Révolution française，2013：7.

② Diderot，d'Alembert，Encyclopédie，2ème édition，1759：406.

③ Caradeuc de la Chalotais，Essai d'éducation nationale ou Plan d'études pour la jeunesse (1763)，édition critique présentée et commentée par Robert Grande route，Saint Étienne，CNRS éditions-Publications de l'université de Saint-Étienne，1996：41.

④ Caradeuc de la Chalotais，Essai d'éducation nationale ou Plan d'études pour la jeunesse (1763)，édition critique présentée et commentée par Robert Grande route，Saint Étienne，CNRS éditions-Publications de l'université de Saint-Étienne，1996：2.

教育。例如，伏尔泰就曾表示反对大众教育，拉夏洛泰于 1763 年写给伏尔泰："我感谢您对取消劳动者学习的主张"，并在他的《论国民教育》中强调，"社会的福利要求，人民的知识不能超过其职业范围"。①一方面，给人民一定教育，使之符合国家的需要；另一方面，又要限制人民获得知识，以便对其实施统治，这便是后来资产阶级革命成功之后长期实行的教育策略。

第三节　全国三级会议谏书中的公民教育主张

法国旧制度中，三级会议（États généraux）指的是法国全国人民的代表应国王的召集而举行的会议。参加者共分成三级：第一级为神职人员，第二级为贵族，第三级则是除前两个级别以外的其他所有人。会议通常是在国家遇到困难时，国王为寻求援助而召开的，因此是不定期的。

1302 年，法国国王腓力四世开始建立这一机构，试图以一种新的联系方式来从政治上整合国家。它主要通过自上而下和自下而上的信息反馈实现君主与臣民的沟通。它按国王的命令召集，一般在国王准备征收新税时，或者需对旧税加以追认时才召开。参加会议是执行国王的命令，去接受国王以"金钱的援助"这种封建义务的名义向臣民要钱的要求，而不是行使一项权利。

三级会议也形成了对君权的制约。在比较驯服地接受国王的征税要求时，它往往以行政和司法方面的改革要求作为交换条件。最典型的事

---

① Michel Rouche, François Lebrun, Marc Venard, Jean Quéniart. Histoire générale de l'enseignement et de l'éducation en France. tome 2, Perrin, Paris, 2004: 401.

件发生在 1357 年，英法百年战争期间，国王被英军俘虏，需要付巨额赎金。三级会议借机行使自己的权利。它在批准筹措资金赎回国王的同时，提出了一系列有分量的条件：允许三级会议代表参加国王的御前会议，改组行政管理，罢免不得人心的官吏，三级会议有权不经国王批准而每三个月自行开会一次，会议代表不受侵犯等。

直至 1789 年，三级会议持续了 487 年。1789 年 5 月 5 日，由于路易十六王室财政困难，三级会议再次召开。这时，经过启蒙运动，由卢梭、伏尔泰、狄德罗等倡导的民主、自由、三权分立等概念已经深入人心。教士和贵族已经开始衰落，第三等级，特别是资产阶级正在壮大。1789 年的三级会议中，第三等级的代表提出改革税制、取消前两个等级的特权的要求。由于要求迟迟没得到满足，第三等级自行组成国民议会，但被国王下令关闭。7 月 9 日，国民议会改名为制宪议会。路易十六试图通过调动军队来压制议会，但 7 月 14 日巴士底狱被攻占，路易十六被迫屈服，承认革命。

在大革命前夕，法国三级会议便通过谏书向国王呼吁实施国民教育。

在教士的陈情书中，要求制订青年国民教育计划。

在贵族的陈情书中，贵族代表认为，王国的诸多地方根本没有公共教育机构，一些公共教育设施破旧不堪。现在应当建立培养三个等级公民的制度，要为农村提供足够的教育经费，还要延及穷人，使公共教育得以完善。贵族们还要求编写关于宪法的原则要点的书籍，用于青年和儿童的最初教育，让他们学习、知晓和遵守法律。一位贵族在陈情书中建议"编写关于公民义务的简明爱国读本"，甚至明确提出"设立公民教育，颁布教育法典，出版国民必读书"。贵族们最后要求制定各种关于国民教育的法律。

第三等级的代表在陈情书中要求改革公共教育，以培养各个职业的有用公民。他们还要求撰写一些包含道德基本原则和王国宪法内容的经典书籍。他们还设想设立以国家利益为目的、由国家掌控的公共国民教育。①

当然，这些关于国民教育和公民教育的主张都无法落实，紧随其后的法国大革命才是现代教育改革的真正摇篮。

① Alain Mougniotte. Les débuts de l'éducation civique en France, Lyon, Presses Universitaires de Lyon, 1991: 17.

第二章　公民教育的准备（1789—1875）

法国大革命固然有血雨腥风，但对教育的关注是空前的，几乎现代教育的所有先进理念都可以在其中见到端倪。当然，公民教育也是革命者们关注的议题，但法国公民教育的建立并非一帆风顺，从大革命开始至 1882 年公民教育的建立，经历了近百年的准备。

第一节　大革命中的教育计划

1789 年的法国大革命风起云涌，硝烟弥漫，但革命者们仍然视教育为巩固革命胜利的重要手段，把让公众理解自由、平等、博爱的原则作为一种神圣的任务。"教育系统""全民教育""普及教育""终身教育"等概念都可以在法国大革命的教育报告和教育计划中找到思想源头。

塔列朗，全名为夏尔·莫里斯·德塔列朗—佩里戈尔（Charles Maurice de Talleyrand-Périgord，1754—1838），出生于巴黎，塔列朗伯爵查理—达尼埃尔之子。1770 年入巴黎圣叙尔皮斯神学院学习。1775 年任兰斯圣德尼隐修院院长。1780 年任法国教会总代表。1788 年任天主教欧坦教区主教。1797 年 7 月至 1799 年 7 月任法国督政府的外交部部长，1799 至 1804 年担任执政府外交部部长。1804 至 1807 年任拿破仑的帝国外交大臣。1804 至 1814 年任宫廷侍卫长，1806 年被封为贝尼文托亲王和公爵。1807 年被封为帝国大副选侯。1814 年 4 月 1 日，被元老院任命主持临时政府。路易十八即位后再任外交大臣，维也纳会议时成功地利用列强之间的矛盾，保护法国的利益。

1791 年 9 月 10 日、11 日、19 日，塔列朗在国民议会中陈述了其关于公共教育的报告。此报告包含共 221 条的 17 项法律草案。塔列朗对教育的性质有着十分深刻的认识，他说，"教育，可以被认为是社会的产物，不仅对社会是一种福利资源，对个人同样是丰富的福利资源"。塔列朗认为，"普遍意义上教育的目的在于使各个年龄的人得以完善，不断地从每个人的优点中获益，享受整个团体的知识、经验，甚至前辈人的错误教训。人的最显著特点之一，就是其可完善性"[①]。在小学阶段，就应当注重培养儿童的身体、智慧和道德能力。

关于道德，塔列朗并无确切定义，只是强调指出，应当予以特殊的关心，小心翼翼并且持之以恒。他指出，"人带着各种能力来到世上，这些能力既是获得福利的工具，又是实现社会所要求的目标的途径。……人是理性的存在，或者更准确地说，人将成为理性的存在，应当教人学会思想。人又是社会的存在，应当教人学会交流其思想。人还是道德的存在，应当教人学做善事"[②]。

在塔列朗看来，初等教育是社会对其成员背负的真正债务，国家的重大义务就是向中小学生传授宪法的原则，宪法是"儿童的新信条"。

在关于初等学校的法律草案中的第一条中，塔列朗指出，"关于所有公民的公共义务和不可或缺法律的简明教育应当面向所有人"，"最贴近的道德行为典范和优秀公民的名字，应当让人知晓"。[③]

---

① Talleyrand. Rapport sur l'Instruction Publique, les 10，11 et 19 Septembre 1791. Les Comités d'instruction publique sous la révolution. Cahiers recherches et théories. Département de philosophie（uqam），presses L'université du Québec，1992：10.

② Talleyrand. Rapport sur l'Instruction Publique, les 10，11 et 19 Septembre 1791. Les Comités d'instruction publique sous la révolution. Cahiers recherches et théories. Département de philosophie（uqam），presses L'université du Québec，1992：47.

③ Talleyrand. Rapport sur l'Instruction Publique，les 10，11 et 19 Septembre 1791.

孔多塞生于 1743 年 9 月 17 日，是 18 世纪法国启蒙运动时期最杰出的代表之一，也是一位数学家和哲学家。1794 年 3 月 28 日因被追捕而服毒身亡。

孔多塞参加了 1789 年的法国大革命，是法兰西第一共和国的重要奠基人，并起草了吉伦特宪法。他也是法国革命领导人中为数不多的几个公开主张女性应该拥有与男子相同的财产权、投票权、工作权以及接受公共教育权的人之一。1793 年 7 月，执政的雅各宾派以"反对统一和不可分割的共和国的密谋者"为罪名追捕孔多塞。在 9 个月的逃亡生涯中，孔多塞在最后朝不保夕的时刻，完成了自己的思想绝唱，即《人类精神进步史表纲要》。他所表述的进步史观，不仅成为法国启蒙运动的重要遗产，并对后来的思想家造成了深远的影响。恩格斯将其与孟德斯鸠、伏尔泰、卢梭并列，成为"在法国为行将到来的革命启发过人们头脑的那些伟大人物"。1782 年当选法兰西科学院院士。

孔多塞长时间关注教育，写了四篇关于公共教育的论文，分别是：《论公共教育的性质与目标》《论儿童的共同教育》《论成人的共同教育》《论职业教育》。第五篇关于科学教育的论文，在其生前未能完成。他认为，国家具有教育公民的权利与义务，但他不相信这一教育会轻易实现，因此设想一个由具体到抽象的整套方案。初等教育应当讲授儿童能够接受的社会秩序的原则，之后再讲授法律。

1791 年 10 月 14 日，孔多塞向公共教育委员会提交了教育改革计划，但随后因不适应新组建的国民议会要求而被搁置。孔多塞于 1792 年 4 月 9 日、20 日、21 日向国民议会陈述了"关于公共教育的整体组织"及其新的教育改革法案。

孔多塞在报告中开宗明义地指出："为人类的所有个体提供能够满足其需求，保证其福利，认识与行使其权利，理解与实现其义务的途径；保证每个人便捷地完善其职业技能，能够承担其有权利获得的社会职能，发展其得益于自然的全部能力；从而在公民中建立事实上的平等，使法律承认的政治平等得以实现。这应当是国民教育的首要目标，在这样的视角下，对于公共权力来说，便是公正的义务。"①

孔多塞已经考虑到培养每一代青年的身体、智慧和道德素质，教育不仅要平等，还应普及，不仅应当全面发展，还应适应个别需求。孔多塞认为学校应当独立于政治，"所有教育机构的首要条件是只传授真理，公共权力所管辖的学校应当尽可能地独立于任何政治权威"②。

孔多塞最早提出将道德教育与宗教严格分开，他说，"学校教授的道德原则应当建立于属于全人类的我们的自然感受和理性。……十分必要将道德与任何特殊宗教原则区别开来，公共教育不能接受任何宗教教条的教育"。③

尽管孔多塞的报告尚未提及"公民教育"，但其教育内容表现出公民教育的特点，要求在公民生活中实施教育，"要发展首要的道德思想，以及由此产生的行为准则，发展在儿童接受范围内有关社会秩序原则的思想"，特别是"教育应当普及，就是说扩展到所有公民"④。

孔多塞在关于初等学校的法案中的第五条提出："应当连续地编写基础教科书并在初等学校讲授。这些教科书应当根据当前科学进步为我们所指出的最好的教学方法编写，应当根据宪法规定的自由、平等、纯净风尚、忠于公共事业等原则编写。"法案的第七条规定："每个礼拜日，小学教师要向所有年龄的公民进行公共教育，特别是那些尚未进

---

① Condorcet，Rapport et projet de décret sur l'organisation générale de l'instruction publique. Marie-Thérèse Frank, Martine Allaire. Les politiques de l'education en france. De la maternelle au baccalauréat. La Documentation Française. Paris，1995：25.

② Condorcet，Rapport et projet de décret sur l'organisation générale de l'instruction publique.

③ Condorcet，Rapport et projet de décret sur l'organisation générale de l'instruction publique，les 20 et 21 avril 1792, in Bronislaw Baczko（présentés par），Une éducation pour la démocratie：Textes et projets de l'époque révolutionnaire（1982），Droz，2000：197.

④ Condorcet，Rapport et projet de décret sur l'organisation générale de l'instruction publique. Marie-Thérèse Frank, Martine Allaire. Les politiques de l'education en france. De la maternelle au baccalauréat. La Documentation Française. Paris，1995：26-27.

行公民宣誓的青年应被邀请参加。这一教育的目的是讲授宪法与法律。"①

虽然议会通过了孔多塞的法律草案，但由于议会分裂，特别是国王路易十六世被捕，导致法国君主立宪制度的结束，所有教育改革的法律草案均未能落实。但是，无论是孔多塞，还是塔列朗，他们的教育思想不断被后人提及，成为教育改革理论的宝贵遗产。

第二节   第一共和国的计划

法兰西共和国建立之初，社会秩序尚未恢复，共和国的奠基者们对教育充满期待。诸多教育计划纷纷出笼，其中或多或少地涉及公民教育。

最为著名的教育计划当属勒佩雷提的"关于国民教育的计划"。勒佩雷提，1760 年 5 月 29 日生于巴黎，1793 年 1 月 21 日被暗杀。1789年 5 月 16 日，勒佩雷提被选为全国三级会议巴黎地区的贵族代表，1790 年成为国民制宪议会主席。

1793 年 7 月 13 日，勒佩雷提的教育计划由罗伯斯庇尔（Robespierre）向制宪议会提交。虽然议会于 1793 年 8 月 13 日通过了这一计划，但未能实施，然而其思想被后来的教育部长费里所吸收。

勒佩雷提在计划中提出义务教育的概念，初等教育由国家提供经费，自 5 周岁开始，男童至 12 岁，女童至 11 岁。"国民教育完全平等，所有儿童同样饮食，同样服装，同样训导，同样照料。"（国民教育法案

---

① Alain Mougniotte, Les débuts de l'éducation civique en France, Lyon, Presses Universitairesde Lyon，1991：19.

第二条)①

通过这样平等的教育，勒佩雷提期待培育出"强壮的、勤奋的、有规律的、守纪律的全新一族，构建一条与我们衰老种族的不洁与偏见相隔离的不可侵入的堤坝"。②

在谈到初等教科书时，勒佩雷提要求，"宪法、道德和家政经济的主要原则，自由人民和法国大革命历史中的最显要的事件，并通过各个独自课程训练儿童的记忆，发展他们的公民道德和共和国情感"。③勒佩雷提还设想通过设置国家节日制度，对全体公民灌输共和国理念。

罗默的教育法案也有较大影响。罗默（Charles-Gilbert Romme）生于 1750 年 3 月 26 日，卒于 1795 年 6 月 17 日，是法国大革命时期的重要政治人物。罗默出生于里永（Riom）的一个资产阶级家庭，1790年在巴黎创建"法律之友"俱乐部。1791 年被选为国民立法议会议员，并成为公共教育委员会成员。1793 年 10 月 21 日，罗默提交的教育法案获得议会通过，其主要内容如下：

"第一条：儿童在学习中接受最初的体育、德育和智育，最主要的是发展其共和国的品行，热爱祖国，热爱劳动。

"第二条：他们学习用法语讲话、阅读和书写，使他们认识法国大革命的特点，获得法国的一些地理概念。通过典范或自身经验认识人与公民的权利与义务。

"第三条：为了使身体敏捷、灵活和强壮，儿童根据不同年龄进行各种训练，特别是根据场地的允许情况，开展走步、军训、游泳等

---

① Lepeletier. Projet de décret sur l'éducation nationale. Marie-Thérèse Frank，Martine Allaire. Les politiques de l'education en france. De la maternelle au baccalauréat. La Documentation Française. Paris，1995：50.

② Lepeletier. Plan d'éducation nationale. Marie-Thérèse Frank，Martine Allaire. Les politiques de l'education en france. De la maternelle au baccalauréat. La Documentation Française. Paris，1995：26-27.

③ Lepeletier. Projet de décret sur l'éducation nationale. Alain Mougniotte, Les débuts de l'éducation civique en France，Lyon，Presses Universitaires de Lyon，1991：20.

活动。

"第四条：利用一定时间训练儿童像祖国的士兵那样走出家庭、田园、车间，去保卫乡镇。"①

法语关于"教育"的表述至少有两个词，"éducation"和"instruction"。第一个词在今天通常表示最广泛意义的教育，第二个词含有训育的意义，当时的公共教育部便采用第二个词汇。在勒佩雷提看来，教育（éducation）的目的在于"培养人"，特别是对于人的道德的培养。而训育（instruction）的作用是"传播人类知识"。训育虽然也应向所有人提供，但应特别优先于社会的少数人，因为社会职业和人的才能有所不同。②

罗默对此表示反对。罗默认为，"训育在于启迪精神，开发心智，拓展思维。教育是发展个性，在灵魂中注入健康的动力、合乎情感的规则，引领着意志，并将精神的概念付诸行动。"因此教育同训育密不可分，"无教育的训育，会使人恃才孤傲，狂妄自大，使人无法在理性中克制，也不能在榜样前止步，而只能成为无序狂热的灾难性的工具。无训育的教育，只能形成导致偏见的行为与习惯。使人局限于其能力，进程缓慢且不确定，思想单纯，不了解真理与公正"③。

罗默教育法令颁布两个月后被废止，取而代之的是布基耶法令。布基耶（Gabriel Bouquier）生于1739年，是检察官的儿子，1792年被选为国民公会中多尔多涅省（Dordogne）的议员。1793年12月19日，布基耶关于公共教育的新法案获得国民公会批准，成为"布基耶法令"。

布基耶法令第三章关于初等教育的条款中规定："推荐基础知识书籍对于培养公民是绝对必要的，这些书籍的首要内容应当是人权、宪

① Alain Mougniotte, Les débuts de l'éducation civique en France, Lyon, Presses Universitaires de Lyon, 1991: 20-21.

② Lepeletier. Plan d'éducation nationale.

③ Gilbert Romme. Rapport sur l'instruction publique, Les Comités d'instruction publique sous la révolution. Cahiers recherches et théories. Département de philosophie (UQAM), presses L'université du québec, 1992: 128.

法、英雄与道德行为。"①

拉卡纳尔（Joseph Lakanal，1762—1845），法国国民立法议会议员。作为公共教育委员会主席，拉卡纳尔向国民公会提交了关于军事学校的报告，指出巴黎的军事学校是"以其傲慢与自负的专制而闻名的最可憎的标志物"。国民公会还根据拉卡纳尔的另一份报告，制定了关于著作产权的法令。1794 年 10 月 28 日，拉卡纳尔在国民公会陈述其关于初等学校的报告及其法令草案。1794 年 11 月 17 日，国民公会根据他每千个居民设置初等学校的提议，决定设置 24 000 所初等学校。

拉卡纳尔公民教育的思想主要体现在其关于初等学校组织的法令草案中。在法令草案题目为"初等学校的教育制度"的第四章规定如下：

"第二条：在每所学校中教授学生：

1. 阅读、书写，在读本中提及有关学生的权利与义务的范例；

2. 人与公民权利宣言和法兰西共和国宪法；

3. 关于共和国道德的初级教育；

4. 法语口语与书写基础；

5. 简单计算与测量的规则；

6. 关于自然的主要现象与日常生产；

7. 教学生学习英雄事迹和胜利之歌。"

"第三条：在讲方言的地方，教学同时使用方言和法语，并在较短的时间内，使法语成为共和国所有公民熟悉的日常用语。

"第四条：学生将在健康与身体的强度与灵敏的训练中受到教育。男生还要接受军事训练，教官由教育审查委员会任命的国民卫队的军官担任。

---

① Gabriel Bouquie. Plan général d'instruction publique. Les Comités d'instruction publique sous la révolution. Cahiers recherches et théories. Département de philosophie（UQAM），presses L'université du québec，1992：77.

"第八条：学生要帮助老人与家长等祖国的保卫者从事家务和田间的劳动。"①

多努（Pierre Claude François Daunou，1761—1840），法国政治人物与历史学者。1795 年 10 月 25 日，国民公会根据多努的思想制定了"公共教育法"，亦称"多努法"。

多努法重申义务教育，但否认免费，要求家长支付教育酬金，只允许四分之一的本地居民家庭可享受免费。小学教师应享有教室和居所，但由家长支付酬金。多努法要求每个乡镇至少设置一所小学，小学课程限定为读、写、算和共和国道德。

多努法的第二章要求培养学生的各种素质，其中第二条规定培养的道德为："常怀公正与慈善之心，习惯于温顺与合群，了解公民的权利与义务，具备共和国要求的品德，遵守学校的内部规则。"②

多努还把大革命的节日作为教育人民的途径之一，为此多努法确定了国庆节、青年节、夫妻节等公民节日。

第三节　此消彼长的宗教与道德教育

18 世纪末至 19 世纪中叶，是法国政局动荡的时期。1792 年建立的第一共和国，在 1808 年由第一帝国取而代之，1833 年又开始七月王朝，至 1950 年重建的共和国（第二共和国），1867 年再变为第二帝国。直至 1875 年建立的第三共和国，法国的共和体制才得以稳固。

---

① Lakanal. Projet de décret sur l'organisation des Écoles primaires. Alain Mougniotte, Les débuts de l'éducation civique en France, Lyon, Presses Universitaires de Lyon, 1991：21-22.

② Daunou. Projet analytique d'une loi sur l'instruction publique. Alain Mougniotte, Les débuts de l'éducation civique en France, Lyon, Presses Universitaires de Lyon, 1991：22.

1792 年 10 月 12 日，国民公会（La Convention）宣布，"在初等学校，要讲授所有公民必需的知识。承担教学的人员称之为'教师'（instituteur）"。1793 年 5 月 30 日的法令还特别指出，"教师承担着向学生传授基础知识的责任，以便他们行使其权利和完成其义务，以及管理家庭事务"①。法语中的教师可以有多种词汇表示："enseignant"指从事教育的人，"maître"兼有主人、师傅的含义，显示具有主导地位的教育者身份，"professeur"通常指中等教育的教师，与大学的教授为同一名词。而"instituteur"的词源为"institution"，含义为建立、创立、机构、制度等。用"instituteur"来命名教师，可以理解为构建公民身份的人，可见此时法国官方所赋予教师的使命之重大。

拿破仑（Napoléon）在执掌第一帝国伊始，便思考构建一种适合其政治利益的公共教育。他感到政府手中可掌控的教师总量不够，且不能服从其统一意志的行政管理。他首先指令内政部长夏普塔尔（Chaptal）拟定一部计划，但计划中过分依靠教会的构想令他十分不满。另一位大臣勒伯翰（Lebrun）则对他提出建议："有必要建立培养教师的专门机构，这些机构不仅仅没有宗教色彩，特别是要刻上热爱当前政府的烙印，并依附其原则。因此才可以培养新人。"② 经过几番咨询，符合拿破仑意志的帝国大学得以建立，新的法令规定，整个帝国的公共教育完全由帝国大学管理。所谓的"帝国大学"，并不是一般意义的大学，而是囊括所有公共教育机构的管理机构。关于教学内容，1808 年 3 月 17日关于帝国大学组织的法令第 5 条第 38 款规定：

"帝国大学的所有学校的教学基础应当为：

1. 天主教的戒律；

---

① Jean-Pierre Obin. L'éducation civique en questions. http://www. jpobin. com/pdf6/2000educationciviqueenquestions. pdf

② James Guillaume. 《Napoléon 1er》. Buisson Ferdinand （Dir.）. Nouveau dictionnaire de pédagogie, Édition de, 1911.

2. 忠诚于作为人民幸福保护者的皇帝和帝国君主政权，忠诚于维护法兰西统一的拿破仑王朝，忠诚于宪法宣布的所有自由思想；

3. 服从于教师的权威，因为教师的职责是教育的统一，是为国家培养附属于宗教、君主、祖国和家庭的公民。"[①]

尽管天主教教条仍然被列为教育的首要内容，但帝国大学将垄断所有教育权，天主教会的教育主导地位业已丧失，实际上开启了教育世俗化的进程。

基佐（Guizot）在法国教育史上是一个里程碑式的人物，他在担任教育部长期间主持制定了初等教育法，要求每个乡镇须建立一所小学，为法国教育发展奠定了重要基础。当时的法国政府还倚重宗教教育来维持社会的稳定。在基佐看来，国家的统一需要把宗教和教会作为教育的基础。但是，在以其名字命名的法律中并未提及公民教育，而是把道德和宗教教育列入初等教育的首要内容。[②]他在 1833 年 7 月 18 日写给教师的一封公开信中谈到道德教育时说："你们不要忘记，每个家庭把孩子委托给你们，就是要求你们把孩子培养成诚实的人；国家把孩子委托给你们，就是要求你们把孩子培养成好公民。"[③]

实际上，18 世纪末至 19 世纪中叶，法国学校占统治地位的仍然是宗教教育，只不过开始融入一些世俗道德成分，并逐渐增加。

试比较 1833 年和 1843 年小学宗教与道德课程的变化。

---

① Le décret du 17 mars 1808 portant organisation de l'Université impériale.

② Loi sur l'Instruction primaire，28 juin，1833.

③ Guizot. Lettre aux instituteurs primaires. Paris，18 juillet 1833. http：//frantan. elte. hu/devenyi/civ-ea-2/Doc3 _ Guizot-Lettre-instituteurs. pdf（2014-02-03）

1833 年：天主教教条	1843 年：天主教教条与道德
序　言 （你是天主教徒吗？何谓教理书？ 第一部分：教条 三位一体—耶稣降生—救世 第二部分：道德 十诫—爱上帝—爱他人 原罪—基本原罪—吝啬—奢华—对神 三德（信仰、希望、慈善） 第三部分：礼拜 祈祷—主日祷告—使徒信经—十字标志—圣事—洗礼—坚信礼—教会戒律	Ⅰ. 人由上帝所创造 Ⅱ. 人类的缺陷 Ⅲ. 法律摘编 人相对于自身的义务 Ⅳ. 身体 Ⅴ. 灵魂 Ⅵ. 劳动与休息 Ⅶ. 快乐与痛苦 Ⅷ. 习惯 Ⅸ. 意识与懊悔 人相对于整体的义务 Ⅹ. 爱他人 Ⅺ. 社会 Ⅻ. 上级与下级 人相对于上帝的义务 ⅩⅢ. 与上帝在一起 ⅩⅣ. 礼拜 ⅩⅤ. 结论
Livre d'instruction morale et religieuse à l'usage des écoles élémentaires ; autorisé par le Conseil Royal de l'instruction publique, Paris, F. -G. Levrault, 1833	*Livre d'instruction morale et religieuse à l'usage des écoles élémentaires ; autorisé par le Conseil Royal de l'instruction publique*, Paris, Langlois et Leclercq, 1843.

  1833 年距 1789 年的法国大革命已近半个世纪，但宗教教育仍然在小学道德与宗教课程中占重要地位，宗教教条是全部道德教育的内容。10 年过去，这种状况有所改变，不仅课程题目在天主教教条之上增加了道德，其内容也包含了道德的成分。

　　1848 年，形势有所逆转，天主教宗教在学校的影响力因法鲁①（Alfred de Falloux）被选为立法会议员，并被任命为公共教育与宗教部长而明显增强。1850 年 3 月 15 日的教育法以其名字命名，曰"法鲁法"。该法将公共教育机构与"自由教育机构"即宗教学校两个教育系统并存，并允许天主教教会对公共教育的组织、教师录用进行监控。在课程方面，该法的第二编第一章第 23 条将道德与宗教教育列为初等教育的首要学科。

　　1850 年 1 月 15 日，大作家维克多·雨果（Victor Hugo）在国民议会的讲坛上对法鲁的倒行逆施表示抗议。他在演讲中说："我要一个世俗的国家，纯粹世俗的，唯一世俗的国家。……关于教育，也只能是世俗的，不可能不是世俗的"，"我要的是，一句话，教会在教会，国家在国家"。另一位法国著名作家埃德加·基内（Edgar Quinet）也在 1850 年发表的著作中指出，"任何特殊教会都不具有法兰西灵魂。教师比教士具有更加普世性的信条，因为他面对所有天主教、新教、犹太教的信徒们讲话，他要他们具有相同的公民信仰。……今天世俗的社会比教会占有更多的真理。这便是世俗社会的教育应当独立构建于宗教教育的理由"②。最终这些抗议也未能阻止法鲁法通过。

　　在 1789 年法国大革命之后的百余年间，法国初等教育中充斥着天主教会与国家政权的斗争，宗教势力不甘心轻易退出历史舞台，国家政权也无足够的力量清除宗教影响。尽管大革命期间提出明确的公民教育理念，实际上小学道德与宗教教育一直是两种成分杂糅，甚至宗教教育内容的比重更大。在现实生活中，宗教的影响力可能比法律更大。有人这样描述："法律只能统治若干行动，宗教掌管一切。法律只能束缚臂膀，宗教统领心脏。法律只与公民相关，宗教征服所有人。"③ 直至第三共和国，世俗道德与公民教育在初等教育中的地位才得以确立。

---

　　① 法鲁，1811 年生于法国昂热，1886 年逝于昂热。1848 年，法鲁被选为立法会议员，并被任命为公共教育与宗教部长。

　　② Kiyonobu Date-Tedo. L'histoire religieuse au miroir de la morale laïque au XIXe siècle en France.

　　③ Jean Baubérot. Laïcité et morale laïque.

第三章 公民教育的初建（1875—1905）

1875 年 1 月，法兰西第三共和国正式成立。但是，新的共和国是在普法战争失败，资产阶级政府镇压巴黎公社之后不久勉强诞生的，封建君主势力仍然伺机反扑，以求封建王朝复辟。直至 1879 年 1 月，共和派格雷维（Jules Grévy）当选总统，共和派在国家主要权力部门取得主导地位。为了巩固共和政治体制，政府在教育领域推行义务教育，严禁学校传授宗教思想，开始建立新的道德与公民教育体系。

第一节 教育世俗化

1870 年普法战争失败和法兰西帝国垮台之后，法国的思想文化氛围出现了重大转折。反宗教的思想成为一种汹涌的潮流，冲击着传统的天主教势力。

1866 年由让·马塞（Jean Macé）创建的"法国教育联盟"（Ligue française de l'enseignement）和更早成立的共济会（Franc-Maçonnerie）都声称以实证主义为武器同法鲁法进行斗争。1863 年出版的名为"耶稣的一生"的小册子，公开宣布"福音书都是传说，它们可能包含一些故事，但肯定不是历史"。[①]在同一时期，达尔文关于进化论的思想也传

---

① Pierre Zind. L'Enseignement religieux dans l'instruction primaire publique en France de 1850 à 1873，Lyon，Centre histoire du catholicisme 1971：275.

至法国，极大地打击了天主教关于上帝的学说。

1880 年，第三共和国的议员们开始制定义务教育法。当涉及教育内容时，激烈的辩论随即展开。12 月 4 日，辩论由义务教育法草案报告人贝尔特（Paul Bert）的陈述开始。义务教育法草案第一条曾写明："宗教教育不再成为初等教育的必修课程。"共和派议员主张个人自由、思想自由、宗教自由，因此赞同草案的这一条款，另有一些议员强调家长与教会的权利，主张保留宗教教育。

对于新的教育内容，第三共和国的议员依波利特·玛泽（Hyppolyte Maze）提出议案：

"公民教育；

关于法律和政治经济的若干日常概念；

体力劳动和主要职业工具的使用；

男生的军事训练。"

他希望通过引入这些新的课程，有益于培养共和国需要的新一代公民。对于现代法国，人们不再是臣民，而是公民，因此，他还建议有必要在历史和道德课程之外，设置专门的公民教育课。[①]

公民教育将以公民权利为主要教育目标，如选举权为关系到祖国命运的公民至高无上的权利，忠于国家是公民的神圣义务，因此，公民应当遵守法律、纳税和服兵役。公民教育应当教育青年一代忠于公共事业，忠于祖国。在公共教育部长费里（Jules Ferry，1832 年—1893 年）看来，宪法教育为首要任务，将宪法教育与公民教育脱离开来是不可接受的，不仅公立学校，私立学校也必须设立宪法教育，如同阅读和书写课程一样。作为一个政治家，费里尤其关注社会的秩序，驱逐任何分裂国家的学说，通过以自然情感和人类理性为基础道德原则统一民族与国家，便是其使命。因此，未来的法律只能提倡哲学的中立性。共和国宪

---

① Alain Mougniotte, Les débuts de l'éducation civique en France, Lyon, Presses Universitairesde Lyon, 1991：39.

法所确立的我们社会的道德与原则，将是公民的，跨越各学说的，全体公民共同的道德与原则。①

关于公民教育的议案遇到反对的声音。有人担心，宗教教育将被排斥出公共初等小学的课程。也有人批评道德与公民教育的概念模糊，难以理解。还有人指出，排斥上帝，等于把思想缩减为简单的形而上学假设。

12 月 20 日，经过长时间的辩论，终于达成统一结论：过去作为初等教育基础的宗教教育，将由公民教育取而代之，并成为共和国学校新的基础。12 月 24 日，整个义务教育法草案在国民议会通过。②

1881 年 5 月 25 日，关于义务教育法草案的审查报告提交给参议院，参议院随后于 6 月初开始关于此法案的辩论。辩论中，有人重提"道德与宗教教育"，因为"公民教育"这一创新未能很好界定，很可能在学校内部引起政策分裂的危险。有人要求，宗教教育的内容应被纳入初等教育，只是对于无家长意愿的儿童不作讲授。有人希望将宗教道德与公民教育并列纳入教育内容。还有人试图扩大道德教育的内涵，认为道德教育应当包含对个人的责任，对家庭的责任，对社会的责任，对上帝的责任。但从整体上看，辩论中虽然企图保留宗教教育的势力依然存在，但其力度已大大减弱。

费里依然坚持实证主义的普遍道德，独立的和世俗的道德。费里认为，学校教授世俗道德已不可逆转，他在一次演讲中指出，"先生们，我们将民事权力世俗化已有百年。世界伟大精神先驱笛卡儿、培根将人类知识世俗化为哲学已有两百年。今天，我们将继承这一传统，我们只能服从已经开始几百年的这一伟大运动的逻辑，要求你们将学校世俗

---

① Alain Mougniotte, Les débuts de l'éducation civique en France, Lyon, Presses Universitairesde Lyon, 1991：40-41.

② Alain Mougniotte, Les débuts de l'éducation civique en France, Lyon, Presses Universitairesde Lyon, 1991：38, 42.

化"。^① 他进一步阐明公民教育的意义，"在公民教育中，有着相对于祖国责任的其他东西。其中许多实证主义概念，社会道德都无法提供，这便是新教学学科的基本意义，我们把其称为公民教育"。至于"对上帝的责任"，费里认为，道德教育更具实证主义，并不推崇任何教条。学校既不服务于宗教，也不主张无神论。费里特别强调："宗教教育属于家庭，道德教育属于学校。"^②

1881 年 7 月 12 日，参议院投票通过了义务教育法草案，其修订文本返回国民议会。初等义务教育法的最终文本分别于 1881 年 7 月 25 日和 1882 年 3 月 23 日在国民议会和参议院表决通过，并于 1882 年 3 月 28 日正式颁布。

初等义务教育法^③关于公民教育的主要条款如下：

"第一条

初等教育包括：

道德与公民教育；

阅读与书写；

法国语言与文学基础；

地理，特别是法国地理；

历史，特别是至今的法国历史；

若干法律和政治经济的日常概念；

物理与数学等自然科学的基础知识：其在农业、卫生、工业、体力劳动和主要职业的工具使用等方面的应用；

绘画、模型与音乐的基础知识；

体操；

对于男生：军事训练；

---

① Jules Ferry, Discours sur la loi sur l'enseignemenr primaire du 23 décembre 1880.
② Jules Ferry, Lettre adressée aux instituteurs le 17 novembre 1883.
③ Loi du 28 mars 1882.

对于女生：针线技能。

1850 年 3 月 15 日法的第 23 条废止。

第二条

公立初等学校除周日之外须休假一天，为有宗教教育愿望的家长安排其子女在校外场所实施宗教教育。

私立学校可自行决定是否开设宗教教育。"

新的义务教育法，继 1881 年 6 月 16 日所确立的初等教育免费原则之后，又确立了初等教育世俗和义务原则。当然，在 1880 年，绝大多数法国人都相当虔诚地信仰宗教，完全取消宗教教育实际上十分困难，因此费里在随后颁布的名为"世俗课程"的法令中，仍然保留了与"对家长的责任，对祖国的责任"并列的"对上帝的责任"的教学目标。费里法的实质并非反宗教，其实是反教士，即禁止教士继续作为公立学校的教师。在这一点，费里法完全做到了令行禁止。

1887 年 1 月 18 日的法令[1]重申了初等教育的基本内容：

"道德与公民教育；

阅读与书写；

法语；

算术与米制；

历史与地理，特别是法国历史与地理；

关于事物与最基础的科学概念；

绘画、歌唱的基础知识和主要是农业中应用的手工劳动（女校学习针线技能）；

体操和军事训练。

对于男生：军事训练；

对于女生：针线技能。"

1887 年 1 月 18 日的政令对初等教育的年级和课程做出新的规定：

---

[1] Décret du 18 janvier 1887.

"第九条　初等学校的教学划分为三个阶段：

基础课

中级课

高级课

第十条　学习时间做以下划分：

准备课：一年，6—7岁；

基础课：二年，7—9岁；

中级课：二年，9—11岁；

高级课：二年，11—13岁。

第十七条　公立初等学校的教学三重目标为：体育、智育、德育。"①

1887年1月18日的政令规定的初等教育课表如下：

学　科	预备班	男生基础班	女生基础班	男生中级班	女生中级班	男生高级班	女生高级班
道德与公民教育	1 小时 1/4	1 小时 1/4	1 小时 1/4	1 小时 1/4	1 小时 1/4	1 小时 1/2	1 小时 1/2
日常阅读与表达	10 小时	7 小时	6 小时 1/2	3 小时	3 小时	2 小时 1/2	2 小时 1/2
书　写	5 小时	2 小时 1/2	2 小时 1/2	1 小时 1/2	1 小时 1/2	3/4 小时	3/4 小时
法　语	2 小时 1/2	5 小时	5 小时	7 小时 1/2	7 小时	7 小时 1/2	7 小时
历史与地理		2 小时 1/2	2 小时 1/2	3 小时	3 小时	3 小时	3 小时
算术与几何	2 小时 1/2	3 小时 1/2	3 小时 1/2	4 小时 1/2	4 小时 1/2	5 小时	5 小时
物理与自然科学	1 小时 1/4	1 小时 1/2	1 小时 1/2	2 小时	2 小时	2 小时 1/2	2 小时 1/2
绘　画	1 小时	1 小时	1 小时	1 小时	1 小时	1 小时	1 小时
手工劳动	1 小时 1/2	1 小时	1 小时 1/2	1 小时	2 小时	1 小时 1/2	2 小时
歌唱与音乐	1 小时 1/4	1 小时	1 小时	1 小时	1 小时	1 小时	1 小时
体育锻炼	1 小时 3/4	2 小时	2 小时	2 小时	2 小时	2 小时	2 小时
课间休息	2 小时	1 小时 3/4	1 小时 3/4	1 小时 3/4	1 小时 3/4	1 小时 3/4	1 小时 3/4

资料来源：Arrêté du 18 janvier 1887.

教育的世俗化对于统治学校教育几百年的天主教会无疑是一个沉重

---

① 　Arrêté du 18 janvier 1887.

的打击，他们本能地对公民教育进行抵制。当然，天主教会的抵制在强大的世俗化教育改革潮流中毕竟大势已去，他们只好无可奈何地叹息："无上帝的学校，无信仰的教师，主啊，拯救我们吧！"①

第二节   比松论公民教育

费迪南·比松（Ferdinand Buisson，1841—1932），曾创建并担任人权联盟（Ligue des droits de l'homme）主席，在 1927 年获得诺贝尔和平奖。在教育领域，他曾在 1979—1896 年间担任教育部的初等教育主管，主持编纂了著名的《教育学与初等教育大辞典》。

比松出身于新教家庭，但 17 岁便不幸丧父。他考入巴黎高等师范学校，但未能毕业。经过自学，比松获得文学学士学位并通过哲学高级教师资格考试，但他拒绝宣誓效忠法兰西帝国而去瑞士避难，在那里谋得一份教师职业。在瑞士宽松的民主政治氛围中，比松汲取了康德的折中主义和自由的新教思想，培育了自身的宽容精神。

1870 年，法国在色当战役中惨败之后，比松回到法国，开始创建世俗学校。1872 年，比松被任命为塞纳省的初等教育督学，1879 年被任命为初等教育总管，直至 1896 年。

比松在教育领域的重大贡献就是主持编纂了著名的《教育学与初等教育大辞典》，大辞典具有鲜明的世俗化色彩。有人这样评价比松的大辞典："在其一贯的严肃之中，在其人才荟萃的无限丰富之中，便是抓住了从大革命到共和国，从共和国到理性，从理性到民主，从民主到教育之间的直接的绝对联系，将民族一致性置于初等教育之上。如果需要

---

① Yves Déloye. École et citoyenneté. L'individualisme républicain de Jules Ferry à Vichy: controverses. Paris，1994：244.

读唯一一本书，我们最终建议便是读这本书。"①这部编纂于 1882—1887
年间的巨著，共有四卷，多达 5 600 页，不仅是小学教师工作参考的百
科全书，更堪称法国构建共和国制度和共和国学校的"圣经"。

比松亲自撰写"世俗化"等词条，在此词条中，他写道：

"对于学生，对于国家，教师应当行使的职责是不反对任何信仰、
任何教会、任何宗教信条，这一领域属于信仰的神圣领域。但如果试图
要求教师对善与恶、义务与享乐、爱国主义与自私自利不置可否，如果
禁止教师倡导几千年来人类所传授的文明与进步等高尚情感，便是一种
荒诞。"②

比松进一步谈道："学校自身的目标，并不是提出新的道德学说，
而是所有学说的提炼，或更明确地说，是对于所有人的共同学说。因为
这一共同学说本质上是人类的，这些道德的概念无人可以反对，应当使
它们进入儿童的灵魂。"③

关于公民，比松认为，简单意义上或历史意义上的"公民"（即为
包含诸多家庭的自由社会的成员，他享有这一社会的权利与豁免），不
一定是公民，例如在古希腊，妇女、儿童、奴隶均被排除在公民之外。
比松还区分了出身的公民和授予的公民两类公民。出身的公民，即生来
便具有公民身份，而授予的公民是原无公民身份，后被社会准许享有权
利与豁免的人。比松认为，"公民们的财富越是接近于平等，国家就越
是稳定"。但他同时指出，即使在最完美的民主制度中，社会成员的完
全平等也是幻想。最好的政府不是永存的政府，而是持续时间最长、最
为安宁的政府。他期待构建一个"抵制并摧毁人类的恶，使我们得以公

---

① Pierre Nora，《Le "Dictionnaire de pédagogie" de Ferdinand Buisson，cathédrale de l'école primaire》，in Pierre Nora（dir.），Les Lieux de mémoire，Paris，Gallimard，1997（1984）：327.

② Ferdinand Buisson. Laïcité. Dictionnaire de pédagogie et d'instruction primaire. http://www. inrp. fr/edition-electronique/lodel/dictionnaire-ferdinand-buisson/sommaire.php

③ Ferdinand Buisson. L'école primaire en France et sa part de responsabilitédans l'éducation morale du pays，Revue pidagogique，nouvelle série，32（2），févtier，1898：132.

正、诚实、谦逊、友善、仁慈"① 的社会。对于法国，比松说道："这个国家还缺少些东西，但这些东西不是一个原则、一个学说、一项计划、一个公式。这些东西在我们这里实在太弱小了，这就是人本身。在社会的天平中，他的分量还不够，也许正是他未曾感受到自身的价值。如果共和国不缺少共和者，共和国就不缺少任何东西。"② 可见，比松将共和国的构建视为人的教育。

在担任法国初等教育主管的前 10 年，比松就期待着通过教育改变社会，他说，"通过教育，我们可以将公民构建成国家，将儿童培养成公民"。他特别看重学校在未来社会的作用，"学校，是社会活跃的人才基地，明天的社会是今天社会的遗产。如果我们期待未来，就应当关注学校"。③

比松要求对儿童的教育，不仅是学习阅读和计算，还要教授"所有人不可或缺的概念"，包括"所有公民共同的义务，必须了解的法律和国家构建的原则"，这就是公民教育。④

比松察觉到学校教育存在某种风险，学生可能顺从于某种社会模式而忽略自己的个性，学校也可能屈从于专制而忽略自己的职责。因此他特别强调，共和国学校应当发展每个学生的创造能力，掌握普通知识，成为一个有责任的公民。"我们首要的牺牲便是将过去的东西转变为新事物，以便使贫困、无知、迷信的无数受害者转变为符合美好称号的公民，并通过我们的不懈努力将他们培养成自由的人。"⑤

比松虽然不是真正的理论家，但他的世俗化思想和公民教育的理念

① Pierre Ognier. HAYAT (Pierre), La Passion laïque de Ferdinand Buisson. URL：http：// assr. revues. org/20313

② Ferdinand Buisson, Le Devoir présent de la jeunesse. In Vincent Peillon. Une religion pour la République：la foi laïque de Ferdinand Buisson. Seuil，Paris，2010.

③ Ferdinand Buisson, Éducation et République，Paris，Kimé，2003：54.

④ Ferdinand Buisson. Politique. Dictionnaire de pédagogie et d'instruction primaire. http：// www. inrp. fr/edition-electronique/lodel/dictionnaire-ferdinand-buisson/document. php? id=3406

⑤ Ferdinand Buisson, Éducation et République，Paris，Kimé，2003：56.

为法国共和国学校的构建贡献了巨大的理论支撑。

第三节 公民教育课本

1848 年，公共教育部长卡诺（Hippolyte Carnot）要求编写公民教育教科书以培养公民。其中勒努维耶（Charles Renouvier）编写的《人与公民的共和国读本》较为流行，之后便有一系列的《共和国问答手册》出版。

1882 年 3 月 28 日初等义务教育法颁布之后，不同版本的公民教育教科书相继出版。我们以贝尔特（Paul Bert）编写的教科书《学校公民教育》[①] 为例，简介法国当时公民教育关注的主要方面。

对于年轻的共和国，培养工农业劳动者的任务似乎不那么紧迫，培养共和国公民倒是政治家们最首要的关切。

在普法战争失败的阴影中，保卫国家应当是公民教育的首要任务。在公民教育课本中，第一章便是"兵役"。根据国民议会的法律规定，法国年满 20 岁的青年公民，须在共和国的旗帜下为祖国服满 5 年的兵役。在战争的情况下，40 岁以下的公民都有义务应召兵役。只有教师、教士和残障人可免服兵役。课文采用了对话形式。一个学生问道：为什么我的堂兄只当了一年兵？教师解释说：士兵的花费很高，当兵期间他们既不耕田，也不在车间生产。因此允许一部分人只服一两年的兵役，但须由抽签决定。此外，通过考试成为知识青年的富家子弟，可以缴纳 1 500 法郎，而只服一年兵役。

教师继续说，当兵不是为穿上红军裤而快乐，也不是可以光吃饭不干活，而是当战争开始时，当敌人侵犯边境时，当祖国面临危险时，所

---

① Paul Bert，L'instruction civique à l'école，1881.

有公民必须准备用枪炮抵抗。在军队中人人平等，如果想继续军队生涯，并有足够的学识、诚实和勇敢，你们都可以成为军官、校官，甚至将军。正如人们所言，"每个士兵的弹盒里都有元帅的指挥棒"。

又有一个学生问道：为什么有的中尉从未当过士兵，这不是不平等吗？教师回答：因为他通过极其严格的考试，进入了圣西尔学校，学习了军事科学，因此才能指挥新兵。所以说，真正的平等是根据每个人的才能区别对待。如果他犯了错误，也会降为普通士兵。

国家的公共支出依赖于税收，而刚刚经历过战争和政治动乱的法国，税收具有尤其重要的意义，因此课本的第二章的主题就是"税收"。其中第一课的题目为"税收乃支持军队之必需"，强调税收是国防的保证。然后，课文列举财产保险与公路、运河等公共设施的建设与服务，指出人人都是税收的受益者。如果没有科学家的研究与预测，无法抵御自然灾害对我们的伤害；如果没有警察和法官维护社会秩序，我们的生活就不会安宁。科学家和警察的工作都需要由税收来供给，包括我们上学的学校，也都依赖税收。如果没有税收，所有这一切都将毁灭。

因此说，每个公民都应缴税。但是不是人人都要缴同样的税呢？教师解释道，每个人缴纳其财富中一定比例的税，才是公正。如果他一无所有，便不必交税；如果他比别人多一倍的财富，他就应当比别人多交一倍的税。

课本的第三章讲"司法"。课文继续以对话的形式，解释了各类法庭的功能，哪类人触犯何种法律并受到何种惩罚，特别强调了司法面前人人平等，只有法官依据成文法才能判定罪行。

第四章讲述了议会和政府的构成和法律的制定程序。普选产生立法人，这便是人民的最高权力。所有年满21岁的无犯罪的法国公民均为选民。选民应当具备一定学识，以便选出优秀人才担任议员。投票为无记名，任何武装人员不得进入选举场所，任何威胁选民的人将受到严厉制裁。贿选是最可耻的行为。只有经过两个议会投票通过的法律才有效。即使人们认为法律不好也必须遵守，但可以合理批评，直至下一次选举更改法律。任何反抗法律的人都是法兰西的叛徒。

第五章讲述了国家行政机关的构成和各部的主要职能，也阐明了省级政府和乡镇政府的主要职能。在谈到公共教育部时，着重介绍了法国初等教育、中等教育和高等教育系统，其中特别指出，初等教育的公民教育课在于培养未来合格公民。

第六章以儿童能够理解的语言解释了法国的共和国格言"自由、平等、博爱"。教师说道，如果我说所有法国人都是自由的，你们肯定会想："不对，我们是法国人，但我们并不自由，我们不能想出去就出去，想玩就玩。我们得待在教室，这个自由真奇怪！"首先，我要告诉你们，你们还是孩子，不是大人。当你们更小的时候，你们更不自由。人们不让你们自己出去，不让你们靠近火，不让你们靠近河，因为怕你们丢失，怕你们烫伤，怕你们溺水。今天你们虽然比较懂事了，但更想跑出去玩耍，而不想上学。你们还不自由，你们的父亲管着你们，你们的母亲管着你们。如果没有父母管你们，管你们吃，管你们穿，你们能养活自己吗？所以说，你们在成人之前，还不算自由。

当你们21岁成人之后，是不是自由了，想干什么就可以干什么呢？不，你们必须随时随地地遵守法律。只要守法，你们可以到任何地方去，你们可以选择任何职业，你们可以单独工作，也可以合作组建工厂。你们可以租售你们的财产，你们可以集会，谈论公共和政治问题。你们可以选择去教堂，也可以不去，你们可以著书办报，你们可以礼拜天工作，也可以休息。没有你们的允许，任何人不得进入你们家。没有法官的命令，任何人不能把你们逮捕入狱。

总而言之，所有法国人享有个人自由：工作的自由，结社的自由，集会的自由，出版的自由，意识形态的自由，个人财产、住所和人身不受侵犯的自由。

教师提醒学生们注意，在你们享有自由权利的同时，有义务不能伤害他人。比如在教室，你们在自己的书桌上可以自由地读书写字，但不能占用邻桌同学的位置。自由的一个原则性限制，就是不能妨碍他人的自由。

教师接着说平等。如果我说，所有法国人都是平等的，你们会问：为什么有人有漂亮的住宅，豪华的马车，大片的土地，而好多工人为他干活，这能是平等吗？其实，我们说的平等，不是指富裕的平等，而是指服兵役的平等、纳税的平等、司法的平等、选举的平等。虽然人们富裕的程度不同，但在财富面前是平等的，工人的子女可以凭着智慧和劳动致富，富贵人的子女如果不劳动也会陷入贫困。用一句话说，真正的平等是同等的权利、同等的义务。

现实社会中的不平等，也说明我们的社会还不完美。富人比穷人有更多的机会成为议员，富人的子女比穷人的子女更容易成为工程师、将军和富翁。真正的平等，依赖于人人都能接受平等的教育。

"博爱"，应当是政治格言中最美妙的词汇。仅有自由和平等是不够的，还要爱他人。博爱的首要意义是公正，所有公职人员每时每刻都应服务于公共利益。博爱不等于怜悯，博爱是社会的义务，怜悯仅仅是个人的道德。

教师最后强调，共和国格言的三个方面是一个整体，失去一个，其他两个都会失去意义和价值。

第七章，也是最后一章，讲的是"革命"。1789 年的大革命之前，人民只占有四分之一的土地，其余大部分属于国王、贵族和教士。只有人民纳税，贵族和教士则分文不交。还有数万奴隶被束缚在领主的采邑内，毫无人身自由。革命中诞生了"自由、平等、博爱"的理念，奴隶得以解放，臣民变成公民。尽管革命也有过战火行为与犯罪，但毕竟摧毁了旧制度。我们应当继续维护公正，想到他人的自由与自身的自由，时刻不忘每个人的权利与义务。

第四节 黑色轻骑兵

"轻骑兵"（hussard）通常指创建于 15 世纪的匈牙利骁勇善战的骑兵队伍。法国作家佩吉（Charles Péguy，1873—1914）在其作品中首次称呼师范学校学生为"黑色轻骑兵"，因为当时师范生均着黑色制服。由此，人们将费里法之后的教师称之为"共和国黑色轻骑兵"。

佩吉这样描写师范学校的学生：

"我们年轻的教师像黑色轻骑兵那样帅气：身材修长，神情严肃，束紧腰身，态度认真。他们早熟得有些颤颤巍巍，突然间变得全知全能。"[1]

当时的师范生身着黑色长裤、马甲、长大衣和扁平的帽子。佩吉指出，师范生制服是一种极为严肃的民用制服，是一种比军用制服更为严肃的民用制服。佩吉认为，这些 17—20 岁的师范生才真正是共和国的儿童，共和国的婴儿，严肃的黑色轻骑兵。

将教师称为黑色轻骑兵主要不在于其制服的颜色或制服的严肃性，而在于新的法律框架下的教师承担着法国所有 6—11 岁男女儿童的义务教育使命。特别是这一教育完全排除了宗教人士担任教师的可能性，教育成为世俗化的教育，教育的使命是培养共和国的公民。

教师的地位也发生了变化。过去小学教师基本由教士担任，薪酬基本来自教会或家长。1881 年之后公立学校的教师则是国家的公务员。法律规定，各省需建立师范学校，大量普通工人、农民、小业主的平民子女开始进入师范学校。而他们一旦毕业，即是国家公务员，成为国家精英队伍中的一员。地位的转变，教师的使命感增强，甚至心甘情愿地

---

① Charles Péguy. L'argent, 6e Cahier de la Quinzaine de la 14e série, 16 février 1913.

为国家服务。佩吉感觉到，这些年轻教师来到学校，似乎随时要喊"共和国万岁！国家万岁！"等口号。

新一代教师的使命首先就是传授共和国的意识形态，传授以科学和理性的精神，培养合格的公民。特别是在 1870 年普法战争中法国失去了阿尔萨斯和洛林地区的背景下，法国教师还肩负着培养学生保家卫国的公民意识，随时准备响应国家征兵的号召。

在普及法语的任务中，教师又是首当其冲。法国的语言政策是法国在民族国家的构建中形成的。最初表现为同拉丁语对抗，以减少教会的权力和强化君主与国家的权力。自 13 世纪以来，法国皇家公证人便以法文为书写工具，在 14—16 世纪时，法语开始成为法国的官方语言，拉丁语和其他方言受到压抑。1539 年，弗朗索瓦一世颁布法令，将法语确定为司法与行政的官方语言。1635 年，法兰西科学院（Académie française）创立，其使命便是制定法语规则，目的是使法语清晰、纯洁、合理，能为所有人理解。

文艺复兴之后，只有文人和一些市民使用法语，多数农村人不会法语。法国大革命强调法兰西民族统一政策，革命者认为不懂法语便是民主和革命思想传播的障碍。1790 年，国民议会试图将所有法令翻译成各种方言，只因成本太高而放弃。1794 年 7 月 20 日法令规定，法语为法国行政的唯一语言。1830 年和 1848 年的革命之后，国家小学的法语教学得以发展，但尚未成为强制性教学语言。1881 年和 1882 年的"费里法"开始在全国义务教育中推行法语。正是利用教育这一锐利武器，法语很快成为遍及法国全境的通用语言，其他方言或民族语言都被强制性地排斥。而教师的作用功不可没。

教师因此受到官方普遍重视。法国公共教育部长儒尔·费里，在即将赴任外交部部长前夕，于 1883 年 11 月 17 日发表了后来十分著名的《致小学教师的信》①。在离任时刻，其信中的语言颇似告别演说，十分

---

① Jules Ferry, Lettre adressée aux instituteurs le 17 novembre 1883.

中肯，也十分感人。

费里在信中着重强调了道德与公民教育的意义。费里指出，1882年3月28日的初等教育法的重要特点是将道德与公民教育置于首要地位，将宗教教育交由家庭和教会，将道德教育交由学校。

在谈到教师的作用时，费里说你们并无任何新的东西要讲授，无非是你们熟悉的所有诚实的人的品质。当你们教儿童阅读和书写的时候，同时教授道德生活的基本规则。

费里对教师说，社会赋予你们的崇高使命，便是"在儿童的灵魂中奠定简单道德的最初的和坚实的基础"。

费里特别看重道德与公民教育的实践意义。他说，仅仅让学生理解课程是不够的，特别是要让学生感同身受，因此评价道德与公民教育的效果不是在学校，而是在校外。例如，你们教学生遵守法律，但不能阻止学生在课堂外走私或偷猎，对这些行为你们无可奈何。道德课要向学生解释的是公正与真理，让他们敢于承认错误，而不是用谎言掩饰错误，让他们拒绝粗俗或拒绝享受特权。

费里相信，道德与公民教育不仅是普遍接受的学科，还将是值得赞赏，值得尊崇，值得热爱的学科。

除了费里之外，第三共和国的其他教育部长也曾赞誉教师。斯梯格（Steeg）称教师是"民众的杠杆"。布尔热瓦（Bourgois）更直接地对教师说："老师，你是智慧宝库和道德宝库的占有者，以这些宝库才可以形成人类意识的统一……你是理性的代表，你是民族思想和社会意识的代表。在每个乡村，你不仅是共同思想的解释者，你是唯一足以表达共同思想的人。你是在行使判定乡俗法官的职能。"①

教育部初等教育主管比松更是相信教师，他说："教师的政治作用变了，其社会地位也变了……甚至在没有一个共和党人的乡里，也会有

---

① Maurice Crubellier. L'enfance et la jeunesse dans la société française 1880—1950, Paris, Colin, 1979：235.

一个共和国的支持者，他就是教师。他会大声说，他在这里就是为了不久会有其他的共和国的支持者。他以国家的名义撒下新的信仰种子：国家主权、世俗道德、社会公正、自由、平等、博爱。"[1]

当然，广大教师也没有辜负国家的厚望，甚至对国家赋予的职业地位充满感激之情。一位教师写道："作为曾经师范学校的学生，我认为，不同意、不接受和不服务于共和国祖国是极其困难的。我热爱共和国。"[2]

正是第三共和国的教师主动承担着教育学生，甚至教育民众的重任，享有"共和国轻骑兵"的称号是名副其实的。

第五节　学生道德手册

根据 1882 年 7 月的一项法令，"每个学生入学后会收到一本专用手册，并将伴随其整个学校学习过程。每个月的第一项作业，就是根据学习的次序，由学生本人而不得依靠外人在班级中填写手册。整个作业可以跟踪与评价学生一年又一年的进步。此手册须保留在学校"[3]。

布莱特（Claude Brette）将其父亲儿时的道德手册的内容做了详细介绍。[4]

其父生于 1916 年，1921 年进入一所公立小学。

在学生手册的第一页是一段说明：

"孩子！

① Edwy Plenel. La République inachevée, l'état et l'école en France, Paris, Payot, 1988：171.

② Jacques Ozouf. Nous, les maîres d'école, Paris, Gallimard, 1967：195.

③ L'arrete du 27 juillet 1882.

④ Claude Brette. Les hussards noirs. De la république？ Un questionnement aujourd'hui. http：//probo. free. fr/textes _ amis/les _ hussards-noirs-c _ brette. pdf（2014-03-17）

这本手册交给你，并伴随与见证你在学校全部时间的学习。

每个月，你只要填写几页，写上老师让你完成作业的情况。你要尽可能地写好，不要找别人帮助写，既不要找同伴，也不要找老师，这才是你自己的工作。直到你离开学校，就是在 13 岁你获得学习文凭的时候。"

手册首先记录的是 1929 年 5 月学生成绩单：

行为	7	地理	9
工作	9	历史	9
作业	9	绘画	8
道德	9	科学	9
阅读	8	教育	8
书写	7	朗诵	9
正字	6	总分	115.5
计算	9.5	排序	13

成绩单下面有老师的签名与评语：学习非常努力，有爱说话和捉弄人的行为。

学生本人和家长分别签名。

之后是学生用工整笔画写的道德手册中的内容，时间是 1928—1929 学年。实录如下：

家　庭

家庭是生活在同一屋顶下的人的集合，共同分享痛苦与快乐。

所有家庭成员都团结一致。家庭的精神与幸福应当引领每个人的思想与行动。没有什么比家庭中的团结与和谐更美好。

思　想

好名声胜过金腰带。

面对父母的义务

我们的父母给我们吃、住，管我们，教我们。他们经常迫于艰苦生计。我们应当尽我们所能。

为了报答他们的关怀，我们应当爱他们，尊敬他们，服从他们。将来，我们要努力使他们晚年幸福。

面对祖父母和老人的义务

对祖父母有更大的尊敬和更多的关怀，也是我们的幸福。

我们要把这样的尊敬给予所有的老人。

这样，我们也可以享有幸福的晚年。

兄弟姐妹之间的义务

我们的兄弟姐妹是我们首要的和最好的朋友。对他们，我们要有礼貌、亲热、包容。要懂得与他们分享痛苦与快乐。帮助他们，不要嫉妒他们的成绩。

兄长和姐姐应当保护弟妹，并为他们做出好榜样。幼小的要尊重与服从年长的。

友好相处要持续一生。

家庭和睦最为美好。

良好相处

我从心里热爱父母。

我要在一生中尊敬父母。

我遵从他们的要求，听从他们的建议。

我将扶持他们的老年生活。

如果我有弟妹，我会爱他们。

我会在一生中成为他们的朋友。

在我的一生中，我要努力维护我家的荣誉。

"我们子女对于我们的言行，犹如我们对于我们父母的言行：有其父，必有其子。"

"众人赞誉的父亲的名字，是孩子们的财富。"

"作为父母，对孩子的最大奖赏莫过于良好行为。"

"你父母老的时候，会想起你的童年。"

学校、同学

学校是一个大家庭，我们的同学是我们的兄弟。

我们应当热爱同学，有礼貌，友好相助。

对小同学要做出好榜样，尽所能保护他们。

对于贫困的学生，如有可能，我们应当帮助他们，但决不要羞辱他们，也不要冷淡他们。

不要嘲笑有残疾的同学。不要告发偶尔犯错误的同学，也不要嫉妒超过自己的同学。

上学儿童的义务

我们将去学校接受教育，教育使我们成为诚实的人和明智的公民。

我爱我的老师，我尊敬我的老师，我像对我父母那样服从老师。

我爱我的同学，就像爱我的兄弟姐妹。

放学后，我还要继续我的学习。

在家时对主人的义务

我放学后，我们都在家里，但作为家庭一员或学习者，也要尊敬和服从主人。

我们应当维护主人的利益，就像维护我们自己的或父母的利益一样，特别是应当诚实。我们要特别小心那些拉我们去玩耍、享乐，而放弃学习和俭朴的人。

最后，当我们成为工人时，我们要认真地劳动，否则我们自己生产的产品将会费掉。

主人对仆人的义务

我们的仆人就像我们的兄弟。我们要像朋友那样仁慈地对待他们。

要求他们做的仅限于公正的事情，不强迫他们做能力以外的工作。

宽容他们的错误，特别是给他们树立良好榜样。

"好仆人成就了好主人，好主人养成了好仆人。"

老板对工人的义务

如果有一天，我们成了老板，我们有了学徒和工人，我们要友善、仁慈地对待他们。为了学会指挥他们，为了服从权威，我们要掌握我们职业的全部细节。

我们要从他们的角度根据他们的工作支付工资。如果我们的利润因我们工人的工作而增长，我们要给予他们相应的奖赏。

祖　国

祖国，是我们父辈的土地，是我们终将逝去的地方，也是我们热爱的地方。

祖国抚育我们成长，并保护我们。在我们失去家庭的时候，祖国会照顾我们。

我们的祖国是法兰西。我们应当为祖国的自然美丽、宏伟建筑、历史功绩、昔日荣耀而骄傲。

我们的祖国，是所有法国人的整体，不区分政党与宗教。我们所有人有着同样的历史，同样的语言。我们应当有着相同的目标和意愿，使我们的祖国更加美好、更加富饶、更加公正与团结。

我们的祖国，法兰西

我们的祖国，法兰西光荣与美丽。这是勇敢的祖国，这是具有自由、博爱与和平等普适思想的祖国。

她经常为抵抗衰弱与压迫而流血。

目前她正致力于建设一个规范国家之间差异和避免战争的法院。

我们的祖国，是所有法国人的整体。

爱国主义

祖国是大友爱。我们首要的义务，便是爱法国，爱所有法国人，因为我们所有人组建了一个大家庭。

祖国也是大团结。每个人都亏欠着所有人的情债，所有人也都亏欠着每个人的情债。每个人都应为所有人劳动。

遵守法律

在我们的共和国，法律是国家意志的表现。所有人都应服从法律：不论是富人还是穷人，不论强大还是虚弱。否则，便无公正的可能，只有专制、不平等和暴力的统治。

纳税的义务

赋税，是每个公民在国家支出中所贡献的一部分。

赋税，是合乎法律的。我们的税赋仅仅是支付了国家提供的服务。

赋税，是必不可少的。得益于税收，国家才能保证社会的安全和公共服务。

但是，公正在于每个人根据其能力与财富而纳税。逃避向国家交税便等同于偷窃。

他窃取了同胞不得不为他支付的税赋。

兵　役

和平，是一个重大福利。但是，为了享有和平，国家应当时刻准备防范外部的入侵。

我们决不应当忘记过去一些时期，敌人试图侵犯我们的国家。

因此，我们在年轻时就要准备服务于国家，使之更为智慧与强壮。

应当愉快地接受服兵役。试图逃避兵役的人是懦夫。

国家主权、普遍选举

主权属于人民，人民通过普遍选举任命其代表。这是包含重大义务的基本权利：第一是投票的义务；第二是认真投票的义务。为此，需要接受教育，关心公共事务，阅读报纸，参加选举会议。

如果因为我们的错误，任命了坏代表，我们将忍受这些人制定的坏法律。

好的选举人应当是明智的。应当选举公正、诚实、有教养的人。他应当阅读报纸，参加选举会议。

好的决定，面对祖国的义务

我热爱我的祖国，正如热爱我的家，我的村庄。我要为她的强大而工作。

我服从其法律，我尊重其公正。

我决不出卖我的选举人意愿。

我决不欺骗国家。

我热爱自由和所有公民的平等。

我同所有同胞像兄弟那样生活。

人类的身体与灵魂

当我用棍子打我的臂膀，我会感到十分疼痛，这便是身体，我的身体的可见部分在体验痛苦。

当我看到一个孤儿在哭他父亲死去，并不会感到任何疼痛，我难过并与他一起哭……这是我内心的感受，这是我的心灵，我的看不见的灵魂，在使我痛苦。

灵魂是我们人类的理性部分，我们通过它思想，我们感受到意愿。

由于灵魂，我们高于动物。动物具有本能，动物的一些本能大大超过我们肌体的能力。但动物不会创造，更不懂完善。而人类通过自由思维的灵魂改变世界。

对于身体的义务

身体与灵魂是相互关联的。当身体死亡，灵魂也将消失。当身体患病，灵魂也痛苦。

当身体虚弱无力，它便不能执行灵魂的意志，因为身体是灵魂的仆人。

我们应当保持身体健康。要通过卫生与清洁保持与改善健康。

身体的活力通过劳动，大自然中的活动，体育锻炼才可以保持与进步。

以上关于学生道德手册部分内容实录，除了一些名言的引文，部分语句显得有些稚嫩，部分语句又显得十分老成。不知是学生抄录了老师的话语，还是引用了某些经典，但记录的都是道德价值的"正能量"。

第四章　公民教育的危机（1905—1945）

中世纪以来，天主教在法国成为国家宗教，天主教会与国王分享法国政治统治权力。法国大革命吹响了摧毁宗教统治的号角，并开始了国家世俗化的进程。1882 年，教育领域率先在法律上实现世俗化，但宗教势力并未完全退去。1905 年法国颁布的"教会与国家分离法"又进一步逼迫天主教脱离国家政治，引起天主教会末日的恐惧和垂死的反抗。在教育领域，天主教和共和派的斗争首先在教科书上拉开战幕。

第一节　教科书之战

1905 年 12 月 9 日，法国颁布了"教会与国家分离法"（Loi de séparation des Églises et de l'État），重申国家的世俗化原则，一方面保证信仰的自由，保证宗教崇拜的自由，一方面宣称不承认任何宗教，也不支付教士薪酬和资助任何宗教。这是继 1882 年教育世俗化法律之后对天主教教会的又一沉重打击。

1882 年教育世俗化的法律颁布以来，法国出版了大量道德与宗教教育的教科书，其内容基本上兼顾世俗道德和宗教教育两个方面，或者说宗教教育总还有一定分量。但自 1905 年宗教与国家分离的法律实施之后，一些纯粹道德教育的教科书开始流行。最著名的课本当属《两个孩子周游法国》。该书的最初版本出版于 1877 年，之后再版近 400 次。

如果比较 1905 年前后的不同版本，人们会发现曾经关于上帝与宗教的内容在 1905 年之后的版本中完全消失。1877 年课本中不仅提及对家长和对祖国的爱，还有对上帝的爱，但在 1905 年之后的版本中上帝被"义务"所取代，原来的"上帝""我们的父亲""主啊!"等字眼被剔除得一干二净。儿童需要学习的完全是日常习俗中的道德："朴素、节俭、勤劳"。教科书中习惯在每一章用一段名言开头，在题目为"获得信任的方法"的第 17 章，以一句话为始："你们值得被不了解你们的人信任吗？劳动。人们总是喜欢劳动的人。"在题目为"诚实与勤俭"的第 28 章，开头的一句话为："如果你诚实、勤恳、节俭，你将来才会被信任。"[①]教科书还提倡一种新道德：尊敬上级。对上级的尊敬和礼貌，会得到上级的友善与关怀。

新教科书还创建了新的教育楷模——学者，专门用一章讲述巴士德（Pasteur）的功绩。巴士德毕业于巴黎高等师范学校，是法国著名的生物学家，致力于细菌研究，并发明了狂犬疫苗，从而挽救了无数人的生命。因此，教科书说，"学者的发现减轻了人类的疾病。即使这些伟大人物已经逝去，但他们的发现仍在造福于人类。"教科书的用意在于鼓舞新一代为人类造福。

完全世俗化的新教科书当然受到天主教徒们的反对。1906 年，一批天主教主教唆使"家庭之父天主教协会"要求销毁小学课本，因为这些课本伤害了他们的宗教。科多尔省一位小学教师莫里佐（Morizot）在教室里讲，相信上帝的人都是蠢货。家庭之父天主教协会便把这位教师告上法庭，由此拉开教科书之战的序幕。经过长时间的辩论，地方行政法庭于 1907 年判莫里佐有罪，判决明显偏袒了家庭之父天主教协会。

小学教师的一些友人认为此判决有悖于教学自由，不可接受，他们反过来控告天主教会主教。兰斯的一位主教曾宣称，无上帝的学校便是

---

① Giordano Bruno. Le Tour de la France par deux enfants. Belin, Paris. p. 32; 56. http: // www. demassieux. fr/TDFWeb/pdf/TDFVariations _ 1923 _ 1877 _ web. pdf

地狱，便是可憎之物，便是荒芜之地，因而被法院判罪。但是，教师友人们继续要求国家立法，以保证教师们免受学生家长的攻击。但立法者听而不闻，漠然处之，因此人们戏称教科书之战的结局为"左一拳、右一拳"，而不了了之。[①]

教科书之战似乎结束，天主教会决不甘心失败，还在伺机以动。

1923 年 2 月 23 日，公共教育部颁布了新的课程大纲，其道德教育内容又触痛了天主教会的神经。1923 年的官方指令[②]这样规定道德教育：

"世俗的道德教育有别于宗教教育，但并非与之对立。教师并非取代神父，也不取代家庭中的父亲，而是尽其努力使每个儿童成为诚实的人。教师应当坚守其义务，使人相互靠近，而不是接近使人分离的教条。鉴于学生的年龄，家庭和国家的信赖，所有关于神学和哲学的讨论都向教师指出明显的禁令。教师应当尽其全力解决另一性质的问题，尽管困难重重，都要通过这一唯一的实践：使所有学生有效地学习道德生活。"

"学生成为公民之后，将会与宗教信条相分离，至少他们会在实践中尽可能地提高生活的目标，厌恶所有低俗和丑恶的东西，仰慕尊贵与高尚的东西。他们能够汲取完善的道德精神，会在工作中努力追求精致，感受团结氛围。在真、善、美的的普遍礼仪中，也是一种并非不纯洁的宗教感受的形式。"

1923 年的道德课程大纲[③]规定：

预备班（6—7 岁）：简单漫谈，道德故事，著名人物生平。培养良好习惯（洁净、秩序、认真、礼貌等）。

---

① 　Antoine Prost. La laïcité et l'école de 1905 à 1945，Actes du colloque La laïcité：des débats，une histoire，un avenir（1789—2005）organisé sous le haut patronage de M. Christian Poncelet，Président du Sénat，en partenariat avec le Comité d'Histoire Parlementaire et Politique，4 février 2005. http：//www. senat. fr/colloques/actes _ laicite/actes _ laicite4. html

② 　Instructions offcielles de juin 1923.

③ 　Programmes des écoles primaires élémentaires du 23 février 1923.

基础班（7—9岁）：家庭式谈话。道德寓言、记叙、故事。解释性阅读。

中级班（9—11岁）：关于个人道德原则（朴素、热爱劳动、真诚、谦虚、勇敢、宽容、善良等）和社会生活责任原则（家庭、祖国）等方面的阅读与谈话。

高级班（11—13岁）：意识与个性，自我教育，公正与团结的不同方面。法国政治、行政和司法组织的概念。公民的权利与义务。

1923 年 2 月 23 日的初等教育课程表

学　科	预备班	男生基础班	女生基础班	男生中级班	女生中级班	男生高级班	女生高级班
道德与公民教育	1 小时 1/4	1 小时 1/4	1 小时 1/4	1 小时 1/4	1 小时 1/4	1 小时 1/2	1 小时 1/2
日常阅读与表达	10 小时	7 小时	6 小时 1/2	3 小时	3 小时	2 小时 1/2	2 小时 1/2
书　写	5 小时	2 小时 1/2	2 小时 1/2	1 小时 1/2	1 小时 1/2	3/4 小时	3/4 小时
法　语	2 小时 1/2	5 小时	5 小时	7 小时 1/2	7 小时	7 小时 1/2	7 小时
历史与地理		2 小时 1/2	2 小时 1/2	3 小时	3 小时	3 小时	3 小时
算术与几何	2 小时 1/2	3 小时 1/2	3 小时 1/2	4 小时	4 小时 1/2	5 小时	5 小时
物理与自然科学	1 小时 1/4	1 小时 1/2	1 小时 1/2	2 小时 1/2	2 小时	2 小时 1/2	2 小时 1/2
绘　画	1 小时	1 小时	1 小时	1 小时	1 小时	1 小时	1 小时
手工劳动	1 小时 1/2	1 小时	1 小时 1/2	1 小时	2 小时	1 小时 1/2	2 小时
歌唱与音乐	1 小时 1/4	1 小时	1 小时	1 小时	1 小时	1 小时	1 小时
体育锻炼	1 小时 3/4	2 小时	2 小时	2 小时	2 小时	2 小时	2 小时
课间休息	2 小时	1 小时 3/4	1 小时 3/4	1 小时 3/4	1 小时 3/4	1 小时 3/4	1 小时 3/4

资料来源：L'arrêté du 23 février 1923.

1923 年的课程大纲基本保留了以前的公民教育课程，并延续至 20 世纪 60 年代末。这一公民教育课程一方面与道德教育密切相关，一方面涉及较多的历史与地理。①

这样双重的定位出于一个目的，就是构建民族认同意识。要培养的公民应当成为法兰西共和国之一员，维护其民族主权，行使其权利与义务。在道德上，要使学生将普遍性的社会生活规则内化。

1923 年至 20 世纪 60 年代的道德课程在小学教学中占有重要位置。著名学者路易·勒格朗这样描述其儿时的德育课：

"（大约在 1930 年）每天早上，老师都开始讲道德课，或是讲教科书中的故事，或是评述经历的实情。黑板上写有警句或格言，我们都抄写在当天的笔记本上，然后回到家里背诵，以便第二天还能记住。还有一些'实际训练'：我们头戴贝雷帽，排着队，经过老师前脱帽并严肃地向老师喊'先生好'！"②

勒格朗还讲到，戒酒在当时也是一种风气，以抵制被认为是祸害的特别在劳工界盛行的酗酒风。节约受到储蓄银行每周销售一次的印花票鼓励。墙上悬挂的大宣传板也写明这些道德品质。

在日常道德教育中，一些格言经常被引用③：

"幸福不在于求多，而是满足已有。"

"乐见于平庸，我们无可剥夺，我们无富人的烦恼。"

"我总是简朴，我没有嫉妒。"

"我不讲别人坏处，我不是讲坏话的人，也不是恶语中伤者。"

"一些女人一年买两件裙子，而一件裙子够她们穿两年。"

在新的道德课程中，已不见宗教教育的踪影，取而代之的是朴素、真诚、谦虚、勇敢等世俗的道德价值，并沿袭了 1882 年课程中的家庭与祖国的概念。雅克·埃尔贝（Jacques Herbé）在其编写的《道德课

---

①　Ministère de l'éducation nationale, de l'enseignement supérieur et de la recherche, Existe-t-il un modèle éducatif français ? La revue de l'inspection générale, Septembre 2006.

②　Louis Legrand. Enseigner la morale aujourd'hui? Revue Française de PBdagogie. n°97, octobre-novembre. P. 56.

③　Lheureux, Guy. Le problème de l'Education Morale en France au XXè siècle dans l'enseignement primaire, 2012：47.

程》教科书中特别提到"家庭的义务",讲到家庭义务包含三个方面,"我们将人类的灵魂区分为三种能力:感知力、智慧力和意志力。人对于灵魂所应承担的义务高于对于身体的义务,因为有其灵魂人才真正是人"。因此,应当发展这样的道德价值或原则:勇敢、家庭感、劳动义务、尊敬父母、尊敬师长、遵守规则、慷慨、善良、自控等。[①]

教育的世俗化改革举措遭到国内外天主教会的抗议,但是他们的抗议无法阻止新课程的实施,只是世俗教育与宗教教育之争并未完结。

第二节   初建国民教育

1932 年 6 月 3 日,法国"公共教育部"(Ministère de l'Instruction Publique)改称为"国民教育部"(Ministère de L' Éducation Nationale),隐含着继续扩大同一的世俗教育的政治意愿。

1936 年,法国义务教育增加一年,延长至 14 岁。1938 年公布的小学课程大纲对道德教育的要求更加具有国民教育特点。小学高级班前两年(11—13 岁)的课程依然称为"道德与公民教育"(morale et instruction civique),但在小学高级班的最后一年(13—14 岁)课程名称改为"道德与公民生活初步实践"(morale et d'initiation pratique à la vie civique)。

1938 年小学高级班课程大纲如下:

小学高级班第一年(11—12 岁)的道德与公民教育课的主要内容是:关于个人道德原则与社会生活义务原则的阅读与谈话;公正与团结的不同方面;法国政治、行政和司法组织的概念;公民的权利与义务;

---

① Lheureux, Guy. Le problème de l'Education Morale en France au XXè siècle dans l'enseignement primaire-2012:78.

国有公司。

　　小学高级班第二年（12—13 岁）的道德与公民教育课的主要内容是：意识与个性；自我教育；公正与团结；国家政治、行政和司法组织的补充概念（市镇、省、国家）；公民的权利与义务；国有公司。

　　小学高级班第三年（13—14 岁）的道德与公民生活初步实践课的主要内容是：个人、家庭和社会生活的义务原则；不同形式工作的尊严；具体公共服务职能学习；公民身份和市政服务；契约；治安裁判和一审法庭；劳动规章；社会法和公共救助；税赋；儿童生活环境中的社会组织实践学习；国家的政治与行政组织；国际生活；国有公司。①

　　新的道德与公民教育课程十分注重公民的义务，包括接受教育的义务、服兵役的义务、纳税的义务。道德与公民教育课程强调义务也是一种双重义务。一方面是关于自身的义务，如具备朴素、自我控制、思想与行动中的诚实、尊重理性、拒绝任何无耻行为、拒绝任何不许可的想法和欲望等品质。另一方面是相对于他人的义务，如应当具有团结同一社会团体成员与不同社会团体成员的清晰意识，具有纳税的义务意识，承担有关家庭和法国的义务，尊重所有形式的工作。

　　课程大纲还指出，道德与公民教育不仅仅是理论，还应让儿童接触实际，比如通过展示纳税证明，一起朗读身份证书，让学生深入领会相关知识。特别是在乡村，利用许多小学教师兼任政府文书的机会，让学生了解行政办事程序。

　　在两次世界大战之间初建的国民教育还很脆弱，第二次世界大战开始之后，法国部分国土被德国占领，部分国土由维希傀儡政权管辖，国民教育名存实亡。

---

　　①　Programme de morale et d'initiation pratique à la vie civique pour la classe de fin d'études primaires élémentaires, généralités. 28 mars 1938.

第三节 维希政府的国民教育

1940 年 6 月，德国侵占巴黎后，以贝当（Philippe Pétain）为首的法国政府向德国投降。1940 年 7 月，政府所在地迁至法国中部城市维希（Vichy）。维希傀儡政府在成立之时，便开始了"国民革命"，教育改革首当其冲。政府将国家的失败的原因归咎于世俗的初等教育，因此被废除。1940 年 9 月 3 日的一项法律废止了 1904 年 7 月 7 日关于取消宗教教育的法律规定，宗教教育在学校得以恢复。教师队伍也在对犹太人、共济会和共和党的排斥中受到清洗，甚至师范学校也被认为是世俗化的共和派的研讨班而被取消。自大革命以来的共和国格言"自由、平等、博爱"被新的口号取代："劳动、家庭、祖国"[1]。后来有人把这种清洗称为赫拉克勒斯的"奥吉亚斯牛圈的清洗"[2]。[3]

1940 年 8 月 15 日，维希政府首脑贝当在一篇文章中表达了新的教育政策目标是"培养新人"。青年应当具有强壮的身体，严肃的道德，纪律意识，奉献国家。他重视体力劳动和不断重复的动作，期待法国儿童成为未来的劳动者。而对于智慧型课程，除了历史和地理以及道德，贝当认为，"百科全书式的知识和科学知识对于青年属于危险的领域"。[4]贝当还大肆抨击"个人主义"（individualisme）。他说："我们要

---

[1] Juliette Fontaine. Les《hussards》dans les années noires: Formes et fondements de la mobilisation des instituteurs sous Vichy. www. congres-afsp. fr/st/st30/st30fontaine. pdf（2014-03-21）

[2] 在希腊神话中，赫拉克勒斯完成了 12 项伟业。其中第 5 项是清洗奥吉亚斯牛圈。厄利斯国王奥吉亚斯的牛圈养有 3 000 头牛，30 年未打扫，粪秽堆积如山。赫拉克勒斯使河流改道，一天即将牛圈冲洗干净。

[3] Guy Lheureux. Le problème de l'éducation morale. Thèse, Université Rennes 2. 2012. 59.

[4] Pauline Fonvieille. Un département, le Lot, et son école sous le régime de Vichy. p. 11. http://dumas. ccsd. cnrs. fr/docs/00/90/44/72/PDF/pauline _ fonvieille. pdf（2014-03-23）

重建（新国家），而全部重建的前提，便是消除个人主义这一毁灭者。它是家庭的毁灭者，毁灭或松懈了家庭关系；它是工作的毁灭者，因为它鼓吹懒惰的权利；它是祖国的毁灭者，因为它动摇了国家统一的凝聚力。个人主义系统地对立于人们置于其中的所有社会群体，却无任何创新品格。在个人主义统治的时代，可见的是最少个性的时代。个人主义从社会中索取了一切，但对社会毫无奉献，它对社会所能发挥的作用就是寄生。"①贝当要求的个体公民，应当有教养，能够自我驾驭个人冲动，"公民，要把个人的权利置于家庭、职业、社区、省与国家的现实之中"，贝当要求的理性公民，应当受到良好教育，成为"脚踏实地并有确定职业的人"。②

维希政府还禁止使用第三共和国以来学校普遍采用的教科书，特别是禁止含有反抗德国占领军内容的教科书，并列出"黑名单"，凡使用被禁止的教科书的学校和教师将被处罚。

1940 年 7 月 10 的宪法草案写道，"国民教育和青年培训为国家首要关注"。1941 年 1 月 1 日开始执行新的课程，宗旨是"恢复对一些情感与思想的尊重，这些情感与思想因被认为对国家或祖国有害，并曾经在精神和心灵中消失和简单弱化"。③

维希政府还在学校中恢复了宗教教育，带耶稣像的十字架等宗教标志又重新出现在教室里，为此天主教报纸《十字架》，满意地宣称"无上帝的学校已成过去"。④维希政府文件规定，进行"精神价值，即祖国、天主教文明"的教育。还有宗教人士主张，法国应当创建"天主教

---

① Philippe Pétain, individualisme et nation, revue universelle du 1er janvier 1941.

② Yves Déloye. École et citoyenneté. L'individualisme républicain de Jules Ferry à Vichy: controverses. Paris, 1994. p. 351.

③ Journal officiel, 5 désembre 1940: 5981. Un arrête du 14 septembre 1940 (publié au Journal officiel du 17 septembre 1940) avait modifié les programmes du cours supérieur première année de l'enseignement primaire.

④ La Croix, 12 décembre 1940.

氛围，正如昔日法国人民沐浴之中的氛围，哺育了我们种族最高尚的情操"①。

处于二战期间的法国，部分被德军占领，部分由傀儡政府管辖，"国家"的概念便难以确定。为了"法兰西的重建"，维希政府试图将"祖国""民族"与"国家"三个概念之间建立起新的联结。在教科书中，"祖国""民族"与"国家"三个概念被解释为社会关系的三种现实的不同表述，法国人民生活在同一命运共同体，祖国意味着公民们在情感上和物质上的与土地和祖先的联系，今天的法国人与前辈法国人具有继承关系。"祖国（Patrie）一词表示父辈的遗产。祖国通常表示我们出生的国土，也是我们父母和祖父母出生的地方，这便是我们祖先的国家。"②对于每个公民来说，对祖国应当具有真正的虔诚，表现出"奉献精神"和"服务愿望"。③

"民族并不仅仅是在地理上和政治上处于同一国家，讲同一语言，团结在共同利益下，并划分家庭的广泛互助的进化群体。民族，还是并特别是长期过程中的一个历史，一种传统，一种习俗，一种遗产，在人民的共同体中创造出一种思想与情感，一种团结精神，我们称为民族精神。"④

"民族（Nation）是同一种族、同一传统、同一利益、同一愿望、同一习俗、同一语言，特别是具有共同生活意愿的家庭集合与共同体。民族共同体，便是一个更大的，特别大的家庭。"⑤

维希政府的公民教育的设计者希望，在民族大家庭中，每个公民将

①　Michel-Ange Jabouley, Pourquoi nous en sommes là: Leçons du passé, tâches de l'avenir 1941. Paris, Editions Mignard, sd, p. 52.

②　Cours d'éducation morale et patriotique. Paris, Collection de l'école universelle par corespondance de Paris, 1942: 60.

③　La morale au certificat d'études primaires, Paris, éditions école et collège, 1942: 20.

④　M. Chocquet, Les devois du jeune Français, Paris, Limoges, Nancy, Charles-Lavauzelle, 1942: 7.

⑤　Pierre Sauvage, Dix entretiens de moral civique, Editions Spes, 1942: 11.

抛弃个人主义，融入于家庭、职业和祖国的多重社会组织之中。而这一社会组织建立在长久的等级与纪律的规则之中，并由一个首脑代表与领导。尊重首脑与权威，服从与无限忠诚，便是公民教育的原则。"公民教育不应当去寻求构建抽象的人。在个人与城市两个概念之间，不再应总是看到可能的冲突，而是相互服务，因为城市的职能便是保护我们赖以生存的先辈遗产。元帅希望构建的教育便具此目的。"[1]

根据维希政府 1942 年 3 月 5 日的指令，道德教育的目的是培养儿童的义务意识。义务意识的内涵主要是服从纪律、把握自己、努力工作，教师要在学生的全部学校生活中培养他们的义务意识，从而为法国准备承担义务的人。以下便是此指令的要点：

"道德。各级教育的改革，便是有鉴于培养法国青年的义务意识的坚定意愿。对于祖国，需要一种虔诚，我们培养的人应当称为道德教育的主人。家庭义务教育将服务于爱国主义义务。教师应当不厌其烦地解释在家庭的小环境中所创建的父母与子女之间的相互情感，兄弟姐妹之间的联系与团结。义务感，服从纪律，把握自己，努力工作，这便是教师利用学校生活的全部时机培养学生的道德品质，从而为法国准备承担义务的人。"[2]

维希政府毕竟是受制于德国占领军的傀儡政府，既要维持国民的安定，又要防止激发国民的民族主义情绪，其公民教育便须有所顾忌。公民教育课本写道：

"对于法兰西传统，即民族的理想，无论是私人生活还是相对于国家，公民应当表现出忠诚。每个公民应当提高自身国家的传统品格，同时不要陷于极端或偶发的激进。我们法国人，应当避免激烈地对抗其他国家。我们的传统应当是开放、理解、宽容、慷慨地对待其他人民，其

---

[1]　M. Chocquet, Les devoirs du jeune Français, Paris, Limoges, Nancy, Charles-Lavauzelle, 1942：37.

[2]　Guy Lheureux. Le problème de l'éducation morale. Thèse, Université Rennes 2. 2012：53.

他文化与文明的形式。如果我们要避免人类变成单调和千篇一律，因此希望我们保持我们的特色，每个民族都保持自身特色。每个民族都应更好地表现出自身特点，自身的天才，使整个民族犹如一簇色彩斑斓的鲜花，每一朵花都有其光彩和位置。"①

道德教育的首要方法是培养对领袖的崇敬。开学的第一天，学生们先是对战争的死难者默哀一分钟，然后是朗诵贝当元帅的语录。教育部还通过教师将贝当的照片和肖像发给学生，并要求在每个家庭张贴。教室里也悬挂贝当肖像，把他视为法国的救星和荣耀。违犯者可能被判轻罪。每天早晨，学生们要集中在学校操场上举行升国旗仪式，并唱《元帅颂歌》。每当圣诞节前，每个学生都会在老师的指导下给贝当元帅写一封颂扬信或画一幅画，然后孩子们会收到印有贝当肖像的明信片。

道德教育课程还要求利用法国的神话或象征性人物，如生物学家巴士德、爱国英雄圣女贞德，来让儿童理解其国家的伟大，"使年轻人的心充满祖国的概念，我们应当为祖国服务直至献身"②。教育使人懂得，"苦难与死亡并不可怕，关键是勇敢地完成任务"③。

道德教育也划分层次。低年级学生主要通过学习一些道德概念，学习贝当的讲话，增强对祖国和对家庭的热爱。中年级学生开始学习社会生活的义务，对劳动的尊重，并形成一些个人品德：宽容、仁慈、真诚。高年级学生的道德教育课程划分四个部分：祖国，忠诚于国家和国家元首；家庭，组建家庭是一个义务；个人，道德责任与勇敢；社会义务，热爱劳动。学生在这样课程中形成个性。

维希政府因处于在二战期间，战争阴影时刻笼罩着，因此身体训练具有特别意义。体育课不仅可以强壮身体，还是维持秩序和纪律的重要

---

① Jeun Dubut, Cours de morale et instruction civique, Paris, Collection de l'école universelle par corespondance de Paris, 1942: 94.

② Pauline Fonvieille. Un département, le Lot, et son école sous le régime de Vichy. p. 41. http: //dumas. ccsd. cnrs. fr/docs/00/90/44/72/PDF/pauline_fonvieille. pdf (2014-03-23)

③ Albert Rivaud, L' introduction sur l'esprit d'une éducation nouvelle. Editions Fernand Sorlot, Paris-Clermont, p. 5.

手段，因此特别有利于维希政府的专制制度。根据课时规定，低年级每周的身体训练课为 7 小时，高年级为 7.5 小时。身体训练通常安排在下午，不仅有体育课，还有体力劳动、大合唱、卫生和童子军训练，但都要求在室外活动。

对于法国民族解放组织和抵抗德国占领的法国教师来说，共和国价值已失去意义，因此决定教授"公民与道德教育"。

实际上，维希政府的意识里充斥着种族主义，认为民族融合便是同一种族的融合。"只有同一种族，即同一生理类型的人才易于融合。一个法国人很难对中国人或因纽特人产生好感，这些外国人同样有自己的文化。有时，我们甚至对某些人种产生某种厌恶，相互都是这样。"[1]

总之，维希政府的教育理念中融合着专制、崇拜、排斥，而自身又处于傀儡地位，一旦失去政治靠山，便顷刻瓦解。

---

① Paul Foulquié. Cours de morale: Pour les élèves de l'enseignement primaire supérieur Première année, Paris, éditions école et collège, 1942: 179.

第五章 公民教育的再认 (1945—1960)

1945 年，刚刚获得解放的法国百业待兴，教育体系面临重大改革。公民教育虽然得以恢复，但基本上沿袭 1923 年的公民教育体制，并无重大创新。可喜的是，宏伟的"朗之万—瓦隆计划"对公民教育的全面构想，为未来公民教育设计了美好蓝图。

第一节 战后的道德与公民教育

1945 年，第二次世界大战结束，法国获得解放。无论是戴高乐派还是共产党，无论是世俗人还是教士，都不愿继续维希政府专制主义和种族主义。特别是在过去的四年，一些基本的道德概念受到严重扭曲：忍受屈辱成为荣誉，奴颜婢膝则是听话，甘当国奴变成忠于祖国等。于是，恢复传统道德观念，培养自由公民成为共识，公民教育也得以恢复。

1946 年第四共和国宪法序言指出："各级公共教育组织的免费与世俗化是国家的义务。"关于公民教育，1945 年的官方文件指出，"我们最终确定这一教育是为了：培养公民和劳动者应当同时具有的自由精神和正直品质，或者说培养真正的民主主义者。我们应当毫不犹豫地宣称：法国在经历了严峻的考验之后，公共学校的十分清晰并应竭尽全力工作的急迫责任，就是民主创新。……我们可以毫无顾忌地说，这一道德与公民教育，为了完全彻底地实现其目标，应当在儿童的灵魂深处把民族责任感与共和国责任感密切相连"。[1]

根据 1945 年 10 月 17 日的教育部令[2]，道德课被置于初等教育课程的首位。

小学低年级教育目标主要是培养儿童的良好习惯，如讲卫生、守秩序、守时间、懂礼貌等。每周道德课总课时为 1.25 小时，每天利用 15 分钟讲述道德故事和模范人物。

高级班（11—12 岁）的道德课要求教师通过漫谈与会话，并经常伴随阅读，使学生理性地实践个人与社会的道德原则，如节制、诚实、简朴、善良、勇敢、团组精神、倾听他人讲话、理解他人、热爱家乡、热爱祖国。

结业年级（12—14 岁）的道德与公民生活启蒙（Morale et initiation à la vie civique）课，要求学生具有道德意识和人类尊严，了解个人生活、家庭和社会生活的义务原则。课程要求学生具有爱国主义情感，懂得公正与团结，尊重不同形式的劳动。学生要认识与集体和社会生活相关的行政机构，认识劳动的契约与规则。课程还要求学生懂得公民的义务与权利，学习参与法国的政治、行政和司法机构，认识国家与国家的关系。

战后，首次在初中开设道德与公民教育课，并把这一课程作为单独学科。1945 年 6 月 27 日教育部关于道德教育的政令[3]指出道德应与政治和经济密切相连，同时强调道德的实践性。道德教育课程被划分为三个部分：A. 个人纪律和内部规则；B. 职业道德；C. 集体生活。

关于第一部分个人纪律和内部规则，课程要求学生服从真理，具有勇敢、善良、怜悯等品质。

---

[1] Programme d'initiation à la vie sociale (instruction morale et civique) pour les classes du 1er cycle BO n° 43, 30/08/1945.

[2] Arrêté du 17 Octobre 1945.

[3] Instructions relatives à l'enseignement moral annexées à l'arrêté du 27 juin 1945.

第二部分涉及职业道德，要求学生好好工作，培养学生的职业意识，且无文人的迂腐并乐于学习。

第三部分道德涉及面较广。在班级，要求与同学保持良好关系，组织好班级，做好学生，守秩序，讲卫生，保持教室美观整洁。在家庭，要做好孩子。

在社会集体与城市中，道德要求又划分为公共生活和公民生活两个方面。公共生活的必要条件是整洁、礼貌、谦恭、优雅，尊重公共财物，尊重劳动。公民生活则要求学习民主，个人不能漠视集体生活，要具有批判精神和宽容态度，要了解公共服务的概念，要培养爱国主义与民族精神，要有人道主义精神，要认识国际和平组织，反对战争。

这些道德概念一方面继承了义务教育实施以来的价值观念，一方面反映了战后人们渴望持久和平的愿望。

1952 年的一部道德课本中，不仅提出了道德规律，还列举了未来人道主义的义务。这些义务既有面对儿童的义务，面对自身的义务，面对父母和兄弟姐妹的义务，还有勇敢、坚强和诚实的义务，公正、善良和团结的义务。课本强调人的良好品德的必要性，应当具有乐观主义、博爱和宽容等品质。①

由于道德与公民教育课程在中学由历史与地理教师承担，道德与公民教育在实际教学中经常被忽视，课时也由战后每周一小时在 1948 年缩减为每两周一小时。

---

① Ravaudet，M. Courage. Cours de Morale à l'usage des cours moyens et des cours supérieurs. Villefranche：Editions du Cep Beaujolais.

第二节　朗之万—瓦隆计划

1944 年 11 月 8 日，戴高乐领导的法兰西共和国临时政府的国民教育部长勒内·加比唐（René Capitant）建立了"部长级教育改革研究委员会"。委员会先后由物理学家保罗·朗之万（Paul Langevin，1872—1946）和心理学家亨利·瓦隆（Henri Wallon，1879—1962）主持。该委员会的目的是为法国制定一个宏大的民主教育体系改革计划，使其能够赶上美国、英国等其他发达国家，并与他们竞争。这一计划便用委员会的两个主席命名为："朗之万—瓦隆计划"（plan Langevin-Wallon）。

朗之万—瓦隆计划于 1947 年 6 月才得以提交政府讨论。一方面由于计划过于宏伟，战后百废待兴，国家无力实施，一方面由于国际上东西方冷战悄然而至，法国又面临印度支那战争，朗之万—瓦隆计划最终未能实施。然而，其改革思路为几乎法国所有重大教育改革所借鉴，被称为法国教育改革的"经典"。

朗之万—瓦隆计划首先指出，实施全面的教育改革是必要的和紧迫的。尽管法国教育以其质量和文化价值著称于世，但已不能在现代民主社会中全面发挥作用。教育结构应当适应社会结构。而学校依旧保持封闭的环境，外部世界新鲜事物无法进入。学校教育与社会生活的分离，因教育机构的僵化而显得尤为严重。

朗之万—瓦隆计划主张确立一个教育的首要原则，即公正原则。这一原则包含不是对立，而是相互补充的两个方面：平等与差异。所有儿童，不论其出身的家庭、社会与种族如何，都具有获得其个体所容许的最大发展的平等权利。他们面临的限制，仅仅是其能力的限制。教育应当为所有儿童提供平等发展的可能性，为所有儿童学习文化开放。教育应当减少远离最有智慧人民的筛选，通过不断提高整个民族文化水平实现民主化。教育功能差异的体现不在于财富和社会阶级，而在于使能力发挥出来的教育功能。与公正相适应的教育民主化，应当保证社会任务的良好分配。教育民主化不仅服务于集体利益，同时服务于个人幸福。

朗之万—瓦隆计划对公民教育也有全面构想。计划强调，公立学校是世俗的，应该向所有儿童开放，但不能进行任何教义的、政治的或宗教的教学。学校的世俗化，并不意味着没有任何教育行为。如果说学校不为宗教或政治团体招纳成员，但应当为国家培养具有在社会生活中发挥作用的意识，并具有公民责任的儿童。

学校实施的道德与公民教育，不应限于课时规定的课程。整个学校生活都应是培养儿童的过程。教育内容、教育方法和学校纪律都是经常和常规的培养儿童热爱真理、判断客观、自由探究、批判意识的途径。正如保罗·朗之万所言："学校是真正的文化事业，学生个体只有在教育环境中经受训练，才能充分享受文化。"①学校要使儿童学习社会生活和民主生活，以未来公民的身份参与民主机制，从中获得学校团组的概念。不是通过课程和演讲，而是通过生活与经验，儿童可以养成基本的公民品德：责任意识、服从纪律、奉献公益、协调行动。

计划对公民教育不同阶段的目标提出要求。在幼儿教育和初等教育中，教育的基本目标是培养儿童的习惯。儿童的身心习惯和群体习惯可以引导儿童意识到他人的存在与尊重他人的权利。在这一年龄段，情感直接操控行动，因此教育应当以情感为基础。整个学校生活的组织应当有利于个性的最大限度发挥，有利于自发行为和努力。学校组织中的个性化教学方法，自我约束，个人责任型的游戏应当受到鼓励。必不可少的强制性规则应当最大限度地减少，逐渐地让每个儿童扩大自由活动和个人负责的活动空间。同时，通过乐于服从可接受的规则安排小组活动

---

① Le plan Langevin-Wallon. In Martine Allaire et Marie-Thérrie Frank，Les politiques de l'éducation en France，La documentation Française，Paris，1995：164.

和有组织的合作，使儿童的个人行为融于有组织的集体活动之中。

计划特别指出，抽象思维不适合这一年龄段的儿童，因此道德理论教育不宜实施。道德思考与判断，应当针对个人和集体生活的具体事件。

在中等教育阶段，随着儿童心理的发展，教育方法可以逐渐增多，但依据学生的自身活动和个人经验与思考，仍然是基本原则。只是这些经验和思考可以更加复杂一些，也可超出学校生活之外。

在这一阶段，智力发展具有重要作用。所有学科的智力教育，都可以通过批判精神和自由探究的文化来促进道德与公民教育。科学学科的重要作用就是能够赋予明确清晰的志趣，形成三思而行的习惯，避免主观与片面。

朗之万—瓦隆计划倡导中学生逐渐地接触社会生活，扩大视野。学生通过参观、调查和个人研究，可以尝试对社会、行政和政治结构进行批判式的分析。对于当前社会问题或事件，可以在学校展开演讲与辩论。对青年男女学生也要进行性教育，帮助他们正确认识其未来生活的义务与责任。

学校组织的合作活动有助于儿童与少年责任感的体验，社会功能重要性的感受。儿童自己应当学会合作，能够对要进行的工作展开讨论与选择，对共同的任务进行合理分工，认可琐碎但有用的活计，为了集体的荣誉可以放弃个人的偏好，摒除个人的私利与虚荣。学校还应组织未来的公民参与社会服务，如帮助其他儿童、残障人、老人，但不是以金钱捐助的方式，而是志愿地进行日常生活的劳动，如家务劳动、购物、娱乐等活动。

计划还特别提到教师在公民教育中的重要作用。但教师作用的发挥须谨慎，不能指手画脚，主要是创造培养学生公民素养的条件与氛围。公民教育的责任也不是单一学科的责任，而是所有学科都应参与，所有教育者都应承担责任。

朗之万—瓦隆计划最后申明，学校应当把人与公民权利的共同要素置于显要地位，有效地增强法国共同体的责任感。

第三节　教会学校的变革与公民教育

在法国，私立教育或者宗教教育在中世纪曾经是学校教育的唯一形式。除了培养神职人员的专门学校，西方教会为了推行其信仰，开设了大量免费学校，既宣传宗教信条，又传播一些语文和算术等基础知识。只是法国大革命之后，随着公共教育的诞生，才出现了公共教育同私立教育争斗的问题。

以争取资产阶级自由为目标的法国大革命，对私立教育也比较宽容。著名资产阶级革命家孔多塞在支持教育多元化的同时，提出："有必要给家长保留为自己子女选择教育的真正自由，因为公共权力在教育上的独一影响对于自由和社会秩序的进步是危险的。"[①]

1793 年 12 月 15 日的法令首次宣称"教育自由"。共和三年宪法也确认："公民有权建立私人的教育和训练机构。"

至此，无论是舆论还是法律似乎都为私立教育的存在和继续铺平了道路，但实际上公共教育同私立教育此消彼长的争斗才刚刚开始。

1833 年 6 月 28 日颁布的"基佐法"，实施初等教育改革，在要求"所有市镇，或单独，或与邻近市镇共同建立初等学校"的同时，允许个人按照法律程序开办私立学校。

1850 年 3 月 15 日议会通过"法鲁法"，不仅保留了初等教育自由的原则，还将这一原则扩大到中等教育，从而大大增强了教会对教育的控制权。

1882 年关于教育"世俗化"的法律，要求公共初等教育禁止任何宗教课程，而代之以道德和公民教育。1886 年 10 月 30 的法律进一步

---

① Sabine Monchambert，l'Enseignement privé en France，PUF，1993，Paris. P. 4.

规定，公立小学不得聘用神职人员担任教师。教育的世俗化给教会学校以严重的打击，1912 年法国仅存 27 所教会学校，而 1880 年时为 13 000 所。

第一次世界大战之后，形势有所逆转，私立教育又得以重新发展。一些法令放宽了对私立学校的限制，1919 年的"阿斯杰法"（Loi Astier）特别允许私立学校参与职业技术教育的发展。

20 世纪 50 年代，法国资本主义制度已经十分巩固，私立学校的存在使共和主义者如鲠在喉，不吐不快。1959 年 12 月 31 日的"德伯雷法"（Loi Debré）便开始对私立学校大动干戈。该法为私立学校提供了四条出路。

联合契约：国家为教师支付工资，地方政府负责学校日常经费，条件是实施国家颁布的教学大纲，接受国家对教学与财务的监控。

简单契约：国家为教师支付工资，但学校日常经费由收取学费支撑。法律要求学校保持校舍符合卫生条件并执行与公立学校一致的标准，如师生比例和教师职称等，国家对其教学与财务实行监控。

保持现状：私立学校也可以不签契约，但如果作为一种营利学校存在，必须要遵守商业性法规。

并入公立学校：执行与公立学校完全一致的标准，私立学校特征不复存在。

除极少数私立学校保持原有地位或并入公立学校，95％的私立学校均与国家签订契约。实际上，国家通过契约形式，对私立学校进行一种"赎买"，为私立学校支付了教学所需的基本费用，获得了私立学校实施国民教育的承诺，从而实现了国家与私立教育的妥协，即国家教育目标与私人办学自由的妥协。

根据"德伯雷法"，签订契约的私立学校须"尊重学生的信仰自由"，须执行国家规定的教学大纲，因此道德与公民教育在法国初等教育中已实现普遍化。

第六章 公民教育的缺失（1960—1985）

20 世纪 60 年代，法国经历了重大社会变革，反对殖民主义的战争汹涌澎湃，高消费时期的到来，时尚的自由化，特别是 1968 年的五月学潮，使公民与道德教育面临严重挑战。

第一节 五月学潮

1968 年 3 月 22 日，142 个大学生占领了位于巴黎南郊的巴黎大学南泰尔文学与人文科学学院的办公楼，从而引发了震惊世界的法国"五月风暴"。在五月学潮的冲突中，大学生用垃圾桶盖作盾牌，用路面的石块迎击警察的催泪弹，他们还构筑起类似巴黎公社时的街垒，同军警展开对抗。大学生的行动获得了各界劳动者的支持。5 月 13 日，全法学生联合会、全法高等教育联合会、全法教师联合会和其他工会组织发起了大规模游行。5 月 22 日，空前规模的全国大罢工爆发了，1 000 万学生、工人、农民和市民都加入了罢工的行列。

这次五月学潮，犹如一次突如其来的"社会大地震"，震惊了整个法国。人们也试图探究其原因。

比较直接的解释是大学生的迅速增长。1900 年，法国大学生总数为 29 759 人，而在 1965 年则超过 40 万人。在 1946—1961 年的 15 年间，由 117 915 人增至 203 375 人，几乎增长一倍。在 1961—1967 年的

6 年间，大学生数的增长率为 215％。与此同时，19—24 岁人口中，大学生比例也迅速增长，由 1957 年的 2.8％增长至 1966 年的 6％。但是，法国的大学发展滞后于大学生数量的增长，巴黎大学在战前就已显现出人满为患的迹象。

其实，深层的原因在于社会文化方面。法国如同其他西方国家一样，青年们不能忍受原有的社会规范，他们担心自己的未来，也向往另一种类型的社会和另一种的人与人的关系。他们要求一种新型的自由：表达的权利、性的权利等。总之，他们要求过一种与其长辈完全不同的生活，于是"代沟冲突"便不可避免。

代沟冲突的最初起源可能在于潜移默化的教育。传统的法国家庭教育是极为严厉的，幼儿首先学习的是服从、礼貌、规范等。而在战后，传统家庭教育变得不那么死板、不那么严格了。1968 年的大学生正是在这种教育变革过程中长大的。他们既了解严格的规则，如哺乳和进餐的固定时间、紧裹的襁褓等，也体会到学校纪律的逐渐松动，如放学后的相对自由，家长和教师对自己兴趣和思想的宽容等。但是在他们进入青春期后，社会观念与规则对性的禁锢成为他们追求性自由的严重障碍。法国当时的大学宿舍均为男女生分开，女生宿舍禁止男生进入。巴黎大学南泰尔校区的男女大学生首先向这一羁绊挑战，占领了女生宿舍，之后便与校方召来的警察发生冲突，最后终于酿成举世震惊的学潮。

另外，政治因素的影响也是不可忽视的。1962 年，法国在阿尔及利亚殖民统治的失败与阿尔及利亚民族独立斗争的胜利，唤醒了法国青年对第三世界人民的同情。卡斯特罗和格瓦拉领导的古巴革命，也给法国青年以极大鼓舞。同时西方国家反对美国侵越战争情绪的日益高涨，戴高乐将军抨击美帝国主义的金边讲话，这些因素都促使法国五月学潮如此波澜壮阔。

这次学潮促使法国政府开始对高等教育大刀阔斧地改革。当时的教育部长埃德加·富尔（Edgar Faure）主持的高等教育改革方案破天荒地以无人反对的投票结果在议会中获得通过，产生了"高等教育指导法"。

五月学潮对法国公民教育的冲击也是显而易见的，学潮中随处可见的标语、口号。"禁止禁令！""同志们前进，旧世界在你后面！""无拘束地享乐！"便是向公民教育宣战的号角。而当时法国社会仍然是十分保守的，中学虽然开始实施男女同校，但许多中学还是单独的男校或女校，大学禁止男生进入女生宿舍，大学禁止吸烟，甚至日常生活中不允许女孩穿长裤。

正是在新思潮与传统的对立中，广大教师对道德的意义表现出迷茫。他们曾经相信，民主的发展会带来道德的进步，但是西方的经济危机之后，他们更是怀疑所教授的道德课程的意义。大概缘于此，作为独立学科的公民教育在 1969 年在小学被取消，道德与公民教育内容被融入所谓的"启蒙课"之中。

第二节　启　蒙　课

自费里设置义务教育以来，法国学校的教学秩序便是讲究肃静、整齐、学生双臂交叉、认真听讲。但这种教学法也不时引来批评，甚至一些敢于创新的教师尝试自己的教学法。其中弗埃奈（Célestin Freinet，1895—1966）的教学法最为著名。

弗埃奈，曾就读于尼斯师范学校，后因在战争中负重伤，便在山村小学教书。随着战后教育改革的浪潮，1924 年弗埃奈参加了在瑞士召开的"国际新教育大会"，并对教育理论产生兴趣。

同年，弗埃奈便投身于教学改革并进行这方面的校际交流。1926

年，他在班级里尝试印刷教学资料，用于传递教学法改革信息。后又与同事合办一份名为"解放学校"的报纸，在欧洲一些国家发行。

不久，弗埃奈的山村小学成为民众教育学的发祥地，学校印刷品、自由习作和资料卡片等新型教学方式为儿童自由表达思想提供了广阔的天地。1927年起，弗埃奈发起并组织了有关新教学法的国际年会，参加者来自法国、比利时、瑞士、西班牙、德国等。每届年会，他们都就某一教学创新展开讨论。例如，在1927年的年会上，创办了《学校印刷》杂志，在1930年的年会上，他们提出把电影、唱片、收音机用于教学中。1932年，他们把杂志更名为"无产阶级教育家"。1935年，由于法西斯势力猖獗一时，弗埃奈被迫辞去学校职务，在普罗旺斯开办了一所私立学校。首批学生是被纳粹集中营关押的德国以色列人的子女。以后又接收了西班牙难童。

弗埃奈的教育学天分主要表现在教学实践上。作为教育学领域的自学者，他鄙视经院主义者式的心理学家，认为没有必要死守教条。他主张将教育学与心理学联系起来，创造一种适于儿童的自然教育方法。但他与杜威的教育程序相反，首先考虑的是教育学。在研究儿童的学习状态时，他发现23条激发儿童主动性和实现儿童和谐发展的规则。

弗埃奈的代表著作有：《劳动教育》《现代教育学中的自然方法》《为了人民的学校》等。

与此同时，一些倡导新教育的组织也相继成立。"法国新教育集团"创建于1922年，并成为"国际新教育联盟"的分支机构。著名学者朗之万和瓦隆曾先后任法国新教育集团的主席，该集团于1932年以东道主的身份在尼斯成功承办了国际新教育联盟大会。

在弗埃奈和新教育集团的推动下，声势颇为浩大的"弗埃奈运动"开展起来。这次运动不仅推动教育学的革命，甚至具有工团主义和红色革命的色彩。弗埃奈运动的活动者们开始印制学校刊物，制作各种个人学习卡片，并在学校之间交流，对官方教育学产生了重要影响。1938

年的教育指令提出在小学高年级开展"指导活动"，1945 年的教育指令
要求开展"实地学习"，都是受到新教育运动影响的结果。

1964 年，法国一些地方开始尝试"三段课时"的改革，但都不足
以撼动传统的教学模式。1968 年学潮兴起的自由主义大大促进了教育
改革的进程。

1969 年 8 月 7 日法令[①]将初等教育课时调整为"三段课时"，即基
础学科法语 10 课时和算术 5 课时，启蒙学科 6 课时，体育课 6 课时，
一周总课时为 27 课时。取消以前周六下午的课程，以利于减轻学生的
负担和创新教学法，也有利于教师的继续教育。启蒙学科或启蒙活动作
为一个新的学科涵盖过去道德、历史与地理、观察练习、绘画与手工、
歌唱和指导课等学科内容。

新课时名曰"三段课时"，顾名思义三类学科应当平均分配，但实
际上，法语和算术所占比重超过总课时量的一半以上。如果说体育课算
不上受到重视，但也没被更多忽视，而启蒙课更多地被边缘化。由于启
蒙课涉及的范围广，且无严格界定，教师便可随心所欲地讲授历史，或
地理，或科学，或绘画，或当地文化，有时也可以成为法语的补充课。

第三节　边缘化的道德与公民教育课

1968 年学潮及其引发的社会动荡，使法国的道德教育几乎中止，
法国成为唯一缺失道德教育的欧洲国家。曾经的道德义务荡然无存，教
师权威受到冲击，"爱之切，责之重"的教师的"矫正权"（pouvoir de

---

①   Arrêté du 7 août 1969. http：//dcalin. fr/textoff/services _ 1969. html correction）受到批判。[1]

　　公民教育于 1969 年在小学被取消之后，道德与公民教育被重新设置在 1977 年的课程大纲之中，但并非单独学科，而是在启蒙活动学科之内。同时名称有所变动，原来的"教育"（instruction）被新的"教育"（éducation）所替代。原来的"教育"突出一种强制性，更准确地应被翻译为"训育"，而新的"教育"一词则表示具有普遍意义的教育活动，感化的色彩更浓。

　　重新定义的小学初级阶段道德与公民教育的目标规定："学校致力于发展儿童的多重个性，以利于其构建未来需要的人与公民的道德生活的框架与活力。特别是能够在实际行为中辨别道德标志，辨别个人与他人的道德标志（进入价值领域），意识到不同场合的约束并根据自主的边界确定自己的行动（理解自由），审视自己行为的结果（责任意识），并尽可能地利用必要资源克服影响自身决定的困难与障碍（意志与勇敢）。"[2]这时的道德与公民教育更偏重于培养儿童的个性，既不能用"驯服"式的简单方法，也不能进行教条式的灌输。

　　1980 年 7 月 18 日的教育部令进一步强调道德与公民教育的目标在于学生的发展，指出："道德与公民教育应当实现学校的双重使命：一方面促进学生的和谐发展，使其幸福地融入有组织的集体之中；另一方面为学生在未来更广泛的终身教育中团结作准备。"[3]为此目的，道德与公民教育的课程大纲要求三方面教学内容：知识获得、技能获得、培养态度。

　　在知识获得方面，一个公民需要了解与日常生活相关的政治、经济机构运行的规则。十余岁的儿童，已经开始在学校内外的各个领域承担一些责任。教师应当帮助他们认识其行为的结果，如作为消费者，应该

---

　　[1]　Lheureux，Guy. Le problème de l'Education Morale en France au XXè siècle dans l'enseignement primaire-2012：67.

　　[2]　Horaires applicables au cycle préparatoire des écoles élémentaires. Arrêté du 18 mars 1977.

　　[3]　Arrêté du 18 juillet 1980.

知道产品与服务、质量与价格等概念；作为公共服务的用户，应该知道公共服务的重要类型、社会福利系统、社会文化设施等；作为各种社会活动的积极参与者，应该知道家庭预算的概念、家庭卫生安全问题、互助、合作、保险等概念。此外，儿童作为未来的自由与负责的人，应该知道身体与食品卫生的概念，知道过量消耗药品、烟、酒的危害，知道媒体的影响，知道文化的形式，知道为自己和他人创造快乐。儿童作为未来的生产者，应该知道生产、能源、企业、贸易的概念。儿童作为未来的公民，应该知道民族的历史，知道乡镇、省区和国家的行政机构。

在技能获得方面，应当培养儿童的良好习惯，如在劳动上学会把握规律、守秩序、懂关心、考虑意愿与结果的关联；在儿童自身上，讲究身体卫生，注意安全，有语言表达的愿望，有自我控制的能力；在对待他人上，要懂礼貌，知轻重，乐于待人，关心他人利益，诚实，宽容；在集体上，尊重与维护集体设施并从班级和学校做起，具有普遍利益的意识。

培养态度，其实就是形成一定的价值观，主要是尊重人权、崇尚自由、维护团结。

第七章　公民教育的恢复（1985—1995）

1981 年，法国社会党开始执政，社会面貌为之一新，公民教育被再次提起。而公民教育的重新设置，是从已被人们淡忘的国歌《马赛曲》开始。

第一节　学校奏响《马赛曲》

《马赛曲》（La Marseillaise），即《莱茵军团战歌》（Chant de guerre de l'Armée du Rhin），由鲁日·德·李尔（Rouget de Lisle）在 1792 年 4 月 25 日晚于当时斯特拉斯堡市长德特里希家中创作。同年 8 月 10 日，马赛志愿军赴巴黎支援杜乐丽起义时高唱这首歌，因得现名，马赛曲亦因此风行全法。1795 年 7 月 14 日法国督政府宣布定此曲为国歌。1879 年、1946 年以及 1958 年通过的三部共和国宪法皆定马赛曲为共和国国歌。

马赛曲在法国大革命期间乃至后来无数革命运动中，成为最能鼓舞斗志的战斗歌曲。或许由于战争的残酷，或许由于歌词的血腥，马赛曲逐渐被法国青年淡忘。为了激发法国青年一代的爱国热情，消除社会中的种族歧视，促进社会平等，法国政府决定从在学校奏响马赛曲开始重新实施公民教育。

1985 年，时任教育部长的舍韦内芒（Jean-Pierre Chevènement）在

小学和初中恢复了公民教育。其基本出发点是不同文化背景青年的社会融合，课程内容也基本是重拾传统主题，特别是强调共和国的价值。1985 年关于新课程的法令申明，"共和国培养自由与负责任并具有普遍利益精神的人。人生为公民，但应是明智的公民"。[①]关于公民教育概念，法令认为，"公民教育不能无所不包，也不能支离破碎。它主要涉及民主生活的基本规则，因此也是若干基本领域：负责任的社会行为、政治与行政机构、法国在世界中的位置。公民教育要使儿童懂得他不是孤立地生活，他要继承历史，他不仅有公认的权利，也有其义务。完美的道德、公民教育在于促进诚实与勇敢，拒绝种族主义，热爱共和国"[②]。

根据法令，公民教育应当尽可能形象地、活跃地呈现，并与其他学科，特别是历史学科相结合，并贯穿于班级和学校生活的各个方面。教师要保持与教学内容相同的态度，把教育融入日常学校生活之中。鼓励学生相互合作，提倡权利平等的实践活动，参加国内与国际的人道主义运动。公民教育还应借助现代交流工具，利用知识的传播构建学生的公民意识。

法令特别指出，应当将公民的质量与特殊人群的属性区分开来，允许不同的意见和不同的利益关切存在。对公民施以教育，并非窥探人们的思想意识，也不是控制其意愿，而是赋予其能力，使其自己找到自由之路。公民教育绝不是任何方式的灌输或劝诫，而是一种导向负责与自由的教育。

小学一年级的公民教育内容主要是学习社会生活的基本规则，以便发展为公民生活的行为习惯，如卫生、安全和着装的基本要求，努力态度与认真工作，爱护学校与公共物品，尊重自己与尊重他人，独立兴趣

---

① Le ministre de l'Éducation nationale, Programmes et instructions à l'école élémentaire, Arrêté du 15 mai 1985.

② Le ministre de l'Éducation nationale, Programmes et instructions à l'école élémentaire, Arrêté du 15 mai 1985.

与负责精神，认识他人的权利，认识种族与性别的平等和人的尊严，合作与互相帮助。

小学生特别要了解共和国的标志：玛丽安娜（Marianne）①、三色国旗、7月14日国庆日、马赛曲。

二、三年级的学生在学习共同生活规则的基础上，需要培养更为清晰的公正意识，需要具备一定的制度知识。如学习在学校范围内关于人的概念，关于所有权（我的、你的、我们的）和契约的概念，认识祖国与民族团结，认识共和国的格言：自由、平等、博爱，认识选举权和普选，认识市镇、市长和市镇委员会，认识学校。

四、五年级的学生需要更加关注周边的社会，知道一些基本制度，知道法国在世界中的地位，公民教育的主要内容如下：

• 1789年人与公民权利的宣言；

• 1948年世界人权宣言；

• 1789年以来的（结社、集会、表达）自由与（劳动、罢工）权利；

• 法国制度：宪法、法（谁制定、谁执行、谁判定）、行政机构（中央、地区、省、市、镇）；

• 社会生活实践：主要公共服务及其作用（邮局、铁路公司等）、社会福利、协会或互助会、信息与调查、道路安全；

• 法国在世界的地位：军事与国防、和平、欧洲、国际关系与机构、其他文化与文明、民族与人道；

• 公民与共和国。

总之，新的公民教育将共和国的价值置于核心位置。

———————

① 戴着"自由之帽"的女人形象，是法兰西共和国的国家象征，代表法国所追求和为之奋斗的"自由"。

第二节　共和国价值

国家的统一和民族的团结依赖于一种精神。在法国，这种精神集中体现在共和国价值（valeurs républicaines）。

法国共和国的原则和价值的法律依据是《1789 年人与公民权利的宣言》、1946 年和 1958 年宪法的序言。其最基本的原则和价值便是自法国大革命以来流行的著名政治格言"自由、平等、博爱"。

自由（la Liberté）

首先，是思想与表达的自由。《1789 年人与公民权利的宣言》的第十一条指出："自由传达思想和意见是人类最宝贵的权利之一；因此，各个公民都有言论、著述和出版的自由，但在法律所规定的情况下，应对滥用此项自由负担责任。"

其次，是宗教信仰的自由。1905 年关于教会与国家分离的法规定："共和国保证信仰的自由，保证宗教的自由。"

再次，是个人行为的自由。《1789 年人与公民权利的宣言》的第四条指出："自由就是指有权从事一切无害于他人的行为。因此，各人的自然权利的行使，只以保证社会上其他成员能享有同样权利为限制。此等限制只能由法律规定之。"其第五条同时规定："法律仅有权禁止有害于社会的行为。凡未经法律禁止的行为即不得受到妨碍，而且任何人都不得被迫从事法律所未规定的行为。"

最后，是结社的自由。1946 年宪法序言指出："任何人均可通过结社行为和参加其选择的社团维护其权利与利益。"

平等（l'Egalité）

平等，首先意味着法律面前人人平等。1958 年宪法规定："我们在法律面前完全平等，不论出身与宗教"。《1789 年人与公民权利的宣言》宣称："在权利方面，人们生来是而且始终是自由与平等的。"

平等还表现在选举权上，1958 年宪法规定："一人，一票"。

性别平等也是平等的一个方面。1946 年宪法序言指出："法律保证妇女在各个领域享有与男人同等的权利。"

平等最后应当体现在机会上。《1789 年人与公民权利的宣言》宣称："在法律面前，所有的公民都是平等的，故他们都能平等地按其能力担任一切官职、公共职位和职务，除德行和才能上的差别外不得有其他差别。"1946 年宪法序言指出："每个人都有工作的权利，并有权利获得一份职业。任何人不得因其出身、思想、信仰而损害其工作与职业。"

博爱（la Fraternité）

博爱体现着互助。1946 年 5 月 22 日的法规定："社会保障的普及化原则遍及全体公民。"

博爱关注着家庭。1946 年宪法序言指出："国家保障个人与家庭发展的必要条件。"

博爱要求公民的承诺。1958 年宪法指出："所有 16—25 岁的青年能够在公民志愿服务的框架内执行普遍利益的使命。"

博爱需要团结。1946 年宪法序言指出："人类的每个成员因其年龄、身体和精神状态、经济条件，在处于无能力工作时有权利从集体获得生存的适当条件。"博爱要求每个人承担相应的义务，如遵守法律，缴纳税款，尊重他人权利。正如笛卡儿所言，"一些人的自由止于其他人自由开始之处"。

在"自由、平等、博爱"的政治格言之外，"世俗化"和"安全"通常也被认为是共和国价值。

世俗化（la Laïcité）

世俗化，即非宗教化。法国 1958 年宪法第一条规定，"法国为不可分割的、世俗的、民主的和社会的共和国"，即是将世俗化列为共和国的第二项原则。

法国在历史上曾经是天主教占绝对统治地位的宗教性国家。1598年法国国王亨利四世（Henri IV）颁布的《南特敕令》（Édit de Nantes）才首次允许新教具有合法地位，而在启蒙运动的推动下，直至法国大革命的前夕的 1787 年，法国国王路易十六（Louis XVI）的《宽容敕令》才给予新教教徒和犹太教徒以真正的公民身份。

自大革命以来，法国便在启蒙思想的影响下开启了世俗化的进程。《1789 年人与公民权利的宣言》第十条宣称："任何人不应为其意见甚至其宗教观点而遭到干涉，只要他们的表达没有扰乱法律所建立的公共秩序。"这一宗教自由被认为是个人的自由，而不是集体的自由。

法国之所以把世俗化作为共和国的一项重要原则，就是为了保护所有思想意识与宗教信仰的自由。

安全（la Sûreté）

安全原则最初的考虑是为了防止权力滥用，保障公民权利，如能够面对法官，审判前的无罪假设，保证被告身体无损等。这便是法治国家的基本原则。

之后，安全原则延伸为保障个人及其财产。

第三节　20 世纪 90 年代前期的公民教育

自 20 世纪 60 年代以来，法国教育开始步入大众化阶段，至 80 年代，法国的高中生已占同龄青年的百分之五十以上。但是在普通高中，只有四分之三的学生在正常年龄入学，而在技术高中正常年龄入学的学生只占半数。百分之六十的普通高中的学生能够用正常的三年年限读完高中，而其中只有百分之五十的学生可获得高中毕业会考文凭。通常，五分之一的学生在一年级留级，十分之一的学生在二年级留级。这反映了法国教育的效益较低。

尽管教育系统面临的问题重重，法国政府还是决心彻底解决学习失败、留级、辍学等顽疾，促进教育的平等和公正。1989 年 7 月 10 日的教育指导法[①]便体现了法国政府的决心，它明确指出：

"教育是国家最优先发展的事业。公共教育事业应根据各类学生构建和组织。它应有助于机会平等。

"每个人所享有的接受教育的权利要得到保证，使其个性得到发展，提高其初始培训和继续培训的水平，使其进入社会和职业生活以及行使其公民权。

"应保证每个青年获得普通文化和公认的职业资格，而不论其社会地位、文化或地理背景如何。"

这一法律，标志着法国教育系统进入了一个新的历史时期，学校不仅要保证全部适龄儿童接受教育，还要保证每个学生获得学习的成功。从教育学的角度看，不应像过去那样，要求学生适应教育的内容和方法，而是要求学校教育系统以学生为中心，适应学生的需求和发展。

根据该法规定，初等教育划分为三个学习阶段，每个阶段规定教学目标和国家课程大纲，以保证学习的连贯性。初步学习阶段为幼儿学校的小班和中班，基础学习阶段包括幼儿学校的大班和小学的预备班、初级班Ⅰ，深入学习阶段包括初级班Ⅱ、中级班Ⅰ和中级班Ⅱ。基础学习阶段的教学重点是让学生掌握法语和数学的基本知识，掌握公民教育中的基本概念，同时发展运动机能和感知能力；深入学习阶段在前一阶段学习基础上，引入初中学习科目的初步知识。

1991 年颁布的小学课程大纲更强调发展儿童的公民能力。对于小学低年级儿童，课程大纲要求能够在班级承担责任，能够接受尊重他

---

① La loi d'orientation sur l'éducation du 10 juillet，1989.

人、尊重他人劳动、爱护公共财物等公共生活的规则。对于小学中年级儿童，要求能够在班级和学校承担责任，能够理解卫生、安全、穿着、纪律等公共生活的规则，并参照和学习榜样，能够认识市长、市政委员会、一般选举程序等公民生活的简单元素，能够理解市政委员会的作用，特别是其与学校的关系。对于小学 9—10 岁的高年级儿童，要求能够集体制定与遵守班级和学校内部规则，能够认识学校协会、体育协会等合作机构或协会的运行规则并参与其活动，能够理解人与公民的权利与义务，如选举权、纳税义务等，能够描述法国普选、选举代表、共和国总统等政治体制和一些国际机构，能够描述法国铁路公司等大型公共服务机构。[1]

---

[1] Les cycles à l'école primaire (1991).

第八章　课程改革与公民教育
（1995—2002）

法国 19 世纪末所形成的教育格局存在着双重的分离。一方面，资产阶级的中等教育与劳动人民的初等教育形成相互分离的两轨制度；另一方面，作为资产阶级统治工具的初等教育旨在驯化人民，而与关系到生产领域的职业培训相分离。这两种分离十分明显地体现在中小学课程上：中学课程以文学和科学为核心，注重抽象思维训练，为资产阶级贵族子女将来进入高等教育做准备；小学课程则是以简单的读、写、算为基本内容，目的是为劳动人民子女就业提供基础知识。

为适应战后整个教育体制的改革，法国中小学课程也发生了重大变化。

首先，中小学的教学法受到猛烈的批评。人们普遍认为小学的教学过于严厉，很少给予儿童自由发展的机会。在诸多医生和心理学家的强烈呼吁下，法国政府于 1956 年 11 月 23 日和 12 月 29 日相继发布了一份通报和一项指令，取消了小学生的家庭作业。但是由于课程大纲并未更改和家长的反对，取消家庭作业的决定未能实施。尽管如此，传统课程还是受到相当大的冲击。

接着，法国着手中小学的课程改革，于 1963 年成立了"法语教学改革委员会"，1966 年成立了"数学教学改革委员会"，并从 1964 年开始把初等教育课程划分为时间大体相等的三个部分：第一部分为基础课，包括法语和算术；第二部分为"启蒙学科"，主要指历史、地理、科学等学科；第三部分是体育。这一改革不仅是为了减轻学生的课业负担，保证他们的身体健康，更重要的是改变过去灌输式的教学法，从而激发学生的求知欲，鼓励他们主动学习，促进个性的自由发展。

最后，1968 年的学潮又促成了小学课时的重大变更。1969 年 8 月 7 日的法令规定了初等教育的新课时为每周 27 小时，即取消了每周六下午的课时，比原来的 30 小时缩短了 3 小时。新课时的安排与过去以阅读、写作和语法为主课时的安排也有明显的不同。新课时的划分是这样的：10 小时法语、5 小时数学、6 小时体育和 6 小时启蒙课，基本上与三部分课程的比例相吻合。

任何改革都不可能是一帆风顺的。况且，草率的改革措施不能不遇到阻力：教师并不愿意也无能力每天承担一小时的体育课，因此这三分之一的新课程便形同虚设；而对于启蒙课，又因教师缺乏经验而或多或少流于形式。

因此，20 世纪 90 年代，面对即将到来的 21 世纪，课程改革更为迫切。在法国基础教育又进入新一轮的现代课程改革进程中，公民教育也随之进入改革的新阶段。

第一节　制定《课程宪章》

根据法国 1989 年 7 月 10 日颁布的"教育指导法"和 1990 年 2 月 23 日颁布的法令，"国家课程委员会"被认定为全国课程大纲的编写机构。这个委员会于 1992 年 2 月公布了一部《课程宪章》，并把它作为今后制定全国课程大纲的纲领性文件。

这是法国第一次对全部教育体系的课程编排建立规范性文件。这一"宪章"确立了建立学科大纲所依据的原则和课程大纲颁发的方式，以及在其有效期间的协商方式。

　　制定"宪章"的意义在于促进实现教育体系的目标的必要协调。自夸美纽斯的《大教学论》以来，学校教育便以学科课程为中心，大大地提高了知识传授的效率，但也使人类知识的整体遭受人为地割裂。正因为如此，"将小学至高中毕业年级的课程融为一体是一个浩繁的工程，它不仅需要教学内容的必要衔接，还依赖对学生培养目标、学科知识选择标准、知识传授目的和社会化目的不可分割的联结的深刻思考"[1]。也许，我们目前还不能将人类知识融会贯通地传授给学生，但"宪章"所提出的原则的确具有开创性意义。

　　传统教育的另一特点是以教师和教材为中心，学生往往被看作接受知识的"容器"。"宪章"明确提出"使教学工作以学生为中心"。它为课程大纲做了如下定义：

　　"课程大纲是在《政府公报》中颁布的规定性文件，是为在各学科和各年级建立'教学公约'的服务于全国的官方文件，即是说，在此框架中，教师或教学组做教学上适于学生的选择，而学生对这种选择也负有责任。此外，这个文件在明确教育体系中的不同年级和确定学生应当获得的能力方面具有一定功能。"[2]

　　这个定义规定了课程大纲是指导全国教学的官方文件，突出了强制性，有利于协调和统一全国的中小学教育。这也反映了法国中央集权制教育体系的特点。需要着重指出的是，这个定义强调了学生的地位，要求教师适应学生的特点，也要求学生自我负责。

　　"宪章"提出了若干原则，总的思路是"协调"——单一学科与全部学科的协调；学生发展的阶段与速度的协调；知识与能力的协调；客观要求与主观态度的协调。

　　"宪章"还对大纲的编写和颁发做了具体规定，从大纲编写机构到大纲的编写和实施过程的每一环节都有严格的要求。其主要特点是：

----

[1]　Charte des programmes. ftp：//trf. education. gouv. fr/pub/edutel/syst/cnp/charte. pdf
[2]　Charte des programmes. ftp：//trf. education. gouv. fr/pub/edutel/syst/cnp/charte. pdf

（1）保证大纲编写机构的透明度——从而可以保证制定大纲的严肃性和科学性；

（2）编写过程中的广泛参与——有利于集思广益，发扬民主；

（3）实施前的充分准备——教师在认识与方法上先知先觉，才不至于以其昏昏，使人昭昭；

（4）至少五年有效期限——课程改革之大忌就是朝令夕改；

（5）实施中的审查与评估——有效的批评是完善改革的重要手段。

"宪章"还要求全部大纲和附加资料应当成为这样两类出版物：

"'纵向'出版物，集中一个学科的全部大纲的单卷本，可使每个人对一定学科的进度有一个整体的看法，展示由小学到进入大学的远景；

分组出版物，根据学习阶段或年级，根据培训途径或系列，编排不同学科的大纲，使每个人对学科间的协调有所认识。"①

这两类出版物是所有教师应当具备的基本工具，因此小学教师可使每人免费接受小学阶段的全部大纲和附加资料，中学教师也可以同等条件接受所教学科的大纲，不仅是"纵向"出版的大纲，还包括所教年级的"横向"出版的大纲，以及相应的附加资料。这样有利于避免教师过分强调自己所教的学科，而在总体上加重学生的负担。另外，为学生及其家长提供的附加资料也便于他们明确学习目标和学习进度，从而掌握学习的主动性。

依据《课程宪章》所制定的基本原则，法国课程委员会及其各个专门委员会对面向 21 世纪的现代课程改革进行了开创性的尝试，相继提出了有关课程改革建议的报告。

---

① Charte des programmes. ftp：//trf. education. gouv. fr/pub/edutel/syst/cnp/charte. pdf

第二节　为了学校的全面思考

1995 年 9 月，当时法国总理朱佩和教育部长贝鲁联名写信致福洛先生（Roger Fauroux），委托其组建"学校思考委员会"。他们对该委员会的要求是：第一，对法国教育体系的现状进行客观调查，分析其结果、其变革，与其他国家教育进行比较研究；第二，根据法国社会的需求和从现代科技变革的挑战出发，阐述国家对教育的期望；第三，提出未来教育改革的具体建议。

福洛毕业于高等师范学院，曾在大学任教，并在前教育部长若克斯（Louis Joxe）手下负责教育问题研究，20 世纪 60 年代后又长期在工业界任职，曾任圣·高般（Saint-Gobain）化学公司总经理、工业部长、国土整治部长，有着丰富的教育与企业管理经验。委员会成员由教育界、企业界、新闻界的专家、学者、教授、行政官员等 23 人组成。

1996 年 6 月 20 日，法国"学校思考委员会"向总理朱佩提交了题为"为了学校"（Pour l'école）的最终报告。此报告长达 300 页，核心内容是关于法国未来教育改革的 21 条建议。

在谈到此次改革的目标时，福洛强调要保证所有人都掌握社会所需要的"起码知识"（les savoirs primordiaux）。福洛把起码知识划分为六类：

- 在法语阅读、书写和讲话方面正确自如；
- 能够计算，识别平面与立体图形，掌握比例和数量序列；
- 能够在直接环境之中确切把握时间与空间概念；
- 学会观察有生命的实体，组合和操作简单机械；
- 锻炼身体，开发其感受艺术的能力；

• 具有民主制度所需的价值观和实际行为。

对于这一起码知识，要通过一套不同于考试并对学习过程不产生后果的测试，每年对所有年满 16 岁的学生进行一次检查，用以测定完成义务教育年龄组的全体学生的达标成绩。

福洛提出把学业失败消灭在萌芽状态之中，应有区别地为幼儿学校少儿提供补贴，以利于最困难的家庭，尤其应对非法语区儿童提前进行学前教育。对于有利于在小学低年级中获得初步知识及阅读能力的革新，应给予系统支持。

福洛主张简化从小学至高中入学的课程，充分重视能力显露的自然顺序，重新编排基本学科中的教学内容，并提供基础知识参考，为每一年级的基本学科编写单卷本的参考教材，它概述相应年级应获得的全部知识，扩大全国课程委员会的权限，使之有权对所有课程编写或改写方案提出意见。同时，需要全面调整小学教学课时安排，通过立法途径减少每年的教学课时，使每周、每年的课时安排更趋合理，在条件较差的地区，优先开办课外活动，摒弃那种连续几日课时集中或授课日过少的课时安排。他还希望，地方政府和国家共同负担课外活动费用，为平等对待儿童提供保障。

福洛还要求教导青少年学会选择自己未来的道路，建立一种从初二结束起就通报有关学科和职业的连续信息程序，建立一种与学生手册相结合的个人计划手册，利用一部分自由课时，与学业方向指导顾问对话，或介绍某种职业。在高中建立个人培训模式，使高中生能够依其能力或弱点，灵活修习模块课程。

为了适应新的教学，福洛建议改革教师与校长的人事管理，包括录用与调动，将由学区管理，国家考试，尤其是高中毕业会考的组织亦将由学区负责。在促进学校自主方面，要赋予小学以法律地位，在保持国家对大学拨款占绝大比例的同时，大学可以更加灵活地聘任教师、研究员和非教学人员，可以自筹经费用于改善办学条件，可以颁发学校文凭。

福洛报告公布之后，法国总理朱佩对福洛报告不甚满意，仅对建议中实行新课时制度、简化大纲、加强与企业联系、加强学业指导等接受，而坚决反对把教师的任命权下放。

学校思考委员会主席福洛也许早已察觉到其报告的命运，他说，"我们的报告有一个报警的功能"，因为法国人只在教育系统突然出现问题时对其感兴趣，如学生上街游行、学校暴力事件频发。他还说，"我也知道政府是如何运行的：窗下有动静时才行动。我就是在其窗下制造动静"。

福洛报告也在法国社会上引起极大反响。国民教育联合会认为，福洛报告至少为改善教育体制的讨论提供了良好基础。大学之间联盟对该报告基本表示赞同，认为它是比较现实的。法国中学高级教师协会则感到福洛的建议十分荒谬，会导致国家教育体系的崩溃。同样，法国大学生联合会也认为其建议极其危险，他们特别谴责有关扩大大学自主权方面的建议。

面对如此纷纭的议论，福洛表示，"政治抉择并不是我的责任，我的使命已经完成"。但他说，议会的辩论或全国性的教育辩论将是有益的，如果不是现在，将来必然要搞，不过代价会高出许多。

当然，福洛报告最终未能实行，不仅是政府的犹疑不决和社会的议论纷杂，主要是政府的更迭，使之搁置。但是，福洛关于学校改革的思考，特别是在课程方面关于起码知识的思想，已经留给人们有益的启示。

第三节　构建 21 世纪的初中

自 1998 年秋季开始，法国教育部组织了一系列关于初中改革的讨论，各有关教师协会、家长协会参加了讨论，5 000 余所初中通过问卷形式表示了对初中改革的意见，各学区举办了专题研讨会。法国教育资料中心为此专门开辟了"2000 年的初中"网站，及时传播有关讨论的信息。

在充分讨论的基础上，改革指导委员会整理了一份综合报告，并于1999 年 5 月 25 日举行了题为"2000 年的初中：为了所有人并为了每个人"的全国研讨会。这次研讨会讨论的焦点集中于：如何认识单一初中的现状；如何认识初中教育的困难；如何构建 2000 年的初中。

1975 年，法国当时教育部长阿比（Haby）对初中教育进行了重大改革，取消了初中阶段的分流，将原来不同类型的初中改成单一模式的普通初中，称为"单一初中"（collège unique）。

多数人认为，单一初中运行状况较好，而且越来越好。当时，89%的工人子女和 99%的干部子女可以读至初中毕业，而这一数据在 1980年分别为 58%和 96%。在国际比较中，法国初中学生阅读和数学的成绩均高于美国和德国。

有人认为，初中一年级新生中差生数量有所增长。这些学生不能阅读，甚至不识字母，不会简单运算。据教育部规划与统计司的最新评估，20%的初一学生不具备基本阅读能力，38%不具备基本运算能力。就是说，相当一部分学生不能继续初中的学习。

如果说，单一初中获得了数量上的成功，但并未实现教育的民主，正如一位教师所指出的"课程是为尖子设计的。在法国，人们只会培养尖子"。有人还发现，"好学生与差学生之间的鸿沟越来越大"。于是，单一初中在其双重目标中摇摆不定：作为高中准备阶段，要尽最大可能开发学生的潜力；作为义务教育，不应使一个学生落伍。

实际上，一些学生毫无学习动力，特别是失业、贫困等经济和社会问题加重了差生的心理负担，逃课辍学和打架斗殴时有发生。不少学校不能完全致力于教学，还得疲于应付校园暴力。因此，有人断言，"单一学校是失败的"。

谈到初中教育的困难，教师们普遍认为莫过于班级内部的差异，不仅包括学生年龄、家庭社会和文化背景的差异，还包括特别是学习水平和学习态度的差异。当同一班级中的差异过大，教学便难以实施，或难以取得好的效果。

法国法律规定初中必须按限定区域无选择地录取新生。这一规定在一定程度上体现了民主与平等，但不可避免地造成了学生状况的差异。尽管一些学校采取一些灵活措施，如按学习水平编班，或按外语选修课编班（通常德语班的优秀学生较多，西班牙语班多为移民子女）。但是这种选择容易出现好的更好、差的更差的现象。特别是在同一学校一些学生趾高气扬，另一些学生垂头丧气，不同班级的强烈反差是造成校园暴力的重要因素。

也许，加强对差生的辅导是解决问题的重要途径。但有的教师认为辅导无济于事，"犹如往木腿上贴膏药"，因为那些学生在小学就没学好。有的教师甚至拒绝对差生辅导，他们认为辅导应由专门人员负责。

面对这些困难，多数教师主张适当增加课时，特别是保证差生充分的课堂学习时间，还要适当减少班级学生数量，每班不可超过 20 人。

"为所有人的初中"，意味着"这一初中能够接收所有学生而不论其状况如何，并以公正的方式对待他们，使他们理解，同时体现机遇均等和优质教学的理想"。

对于这一概念，大多数教师认为可以接受。但有人提出不同意见，因为"不是所有学生'天然'平等，人们应当尊重这种不平等"。有人还提出实行初中入学测验，并依此划分学校。

也有的教师坚定地表示了自己的意愿："如果学校不能抹平社会的不平等，我就改行。"有人认为，现实社会的不合理在于，处于最佳处境中的人还在享受社会最佳的待遇，而真正的平等依赖于公共资源相对不平等的给予。因此有人表示，"我梦想在退休之前，初中成为真正共和国的初中，人们不再给予多得的人更多东西了。而现在，好雨总是下在湿润处"。

尽管教师对初中的看法莫衷一是，改革指导委员会总的评价是，"经过三十余年的不断调整，为所有人的初中在法国水到渠成。由于逐渐取消的二年级后的分流，初中基本上实现了其目标。即使差生比例仍然较高，几乎所有学生能够达到毕业。国际比较显示法国初中既是优秀中之一，又是更为公正的之一"。委员会指出，作为义务教育，初中"应当为所有学生提供坚实的知识与能力的基础，使每个初中生在未来生活中成为社会的公民"。因此，"为所有人的初中首先要确定其宏伟目标：赋予所有人机遇、途径和条件，使他们获得具有职业范畴的生活中所必需知识与能力。"

改革指导委员会认为，对于学生中的差异，要根据学生的需求、学习水平分组教学，采用模块式教学，使学生在稳定又灵活的集体中学习。

在课程方面，当务之急是要逐步将职业技术文化引入初中，实行积极的分流。虽然初中课程大纲刚刚更新，"为所有人的初中"还应当继续这样一个严肃的思考：如何构建新一代人所需要的能力与知识的共同基础。

为了使学生获得成功，在教学方法上要使学生成为学习的主体。要更加注重口头表达的训练，并把口头表达作为评价学习成绩的重要内容。

当然，不可忽视的是教师，特别是班主任的作用。教师应当注重基础知识与能力的传授与培养，要开拓跨学科知识的教学，要注意年级间的衔接，要经常与学生和家长沟通。

改革指导委员会最后指出，差异是可以接受的，但教育体制的分裂是不允许的，初中将是所有人的初中。要鼓励人们去探索，去寻求更好的解决办法。

当前，关于初中的讨论仍在继续，未来初中改革的力度在很大程度上取决于讨论的结果。从这次讨论的内容上看，法国初中教育的改革更加注重教育质量，更加注重教育结果的民主与平等。这是一个十分诱人的理想，也是一个极其困难的目标。法国教师质量普遍较高，且有较强的责任感。他们习惯于完成规定的任务，但很难要求他们对额外工作做出奉献。如果不能明确哪些属于规定范围内的工作，如对差生的辅导，就不能调动教师的任何积极性。况且，在崇尚个性的法国，教师享有很大的自主权。没有广大教师参与的改革，注定是失败的改革。

第四节　探讨高中应当教授的知识

自 1975 年法国实行单一初中以来，高中便是学科与专业分流的基本阶段。高中划分为普通高中、技术高中和职业高中。普通高中和技术高中为学制三年的长期教育，通过高中毕业会考并获得文凭，便可进入高等学校。而职业高中属于短期教育，学制为二年，通常的出路只有就业，做普通技术工人。1985 年设立了职业高中会考，通过会考的可获得较高级别的文凭，在原职业高中的基础上再增加两年学制，进行某一职业的较高级别的职业培训，此文凭增加了毕业生就业的机遇，也使一些学生能够进入高等教育。

法国社会在传统上对职业技术教育的轻视，使职业教育发展举步维艰。职业高中的学生往往是因学习成绩不佳而做出迫不得已的选择。教育统计数据经常显示出，职业高中学生中普通工人、农民的子女占较大比例。一些学业失败的学生因此自暴自弃，频频在校引发暴力事件。许多政治家和社会学家也不断抨击这一社会不平等现象。

1997 年，法国左派又一次执政，新政府的政策更加着眼于缓和社会矛盾，在教育方面也更加注重教育平等，如采取了加强公民教育、扩大教育优先区等措施。特别是 21 世纪即将来临，面对知识竞争更为严峻的未来，法国看到能否保持世界强国的地位，取决于整个国民文化素质的水平和民族凝聚力。因此法国积极酝酿一系列的教育改革，而高中课程改革正是这一整体改革的前奏。

1997 年 12 月底，法国国民教育部长阿莱格尔和负责学校教育的部长级代表鲁瓦雅共同宣布进行一次主题为"高中应当教授哪些知识？"的大型咨询调查。

调查首先涉及一个问题："高中能否使 18 岁青年实现'明确的公民资格'？"就是说，具备合乎社会规范的道德准则和适应社会需求的知识能力以及相应的职业技能。教育部长们认为，应当超越机械堆积而无密切协调的教育体系，要把教育融于必要的文化范畴之中，构建人性与职业性的完全一致。鲁瓦雅强调，讨论的要点是，"知识的变革如何适应社会的变革"。

教育部专门组织两套班子，实施这项调查，并对调查结果进行分析思考。一是组织委员会，由里昂大学教授梅里主持，负责高中课程实际状况的调查和指导各学区的研讨会；一是科学委员会，由社会学家莫兰主持，成员由科学与艺术界的四十余位专家构成，负责召集各类专题研讨会。

为了充分了解广大高中学生和教师的意见，教育部向国内所有普通高中、技术高中和职业高中，甚至外国的一些高中印发了近 300 万份问卷，要求高中生在 1998 年 1 月 28 日前回复。这份问卷由 15 个问题构成，如"你最愿意学习的是什么？哪些课程你认为无用？你所学习的那些课程对将来有哪些用处？"整个问卷大约需 1—1.5 小时可以完成。还向高中教师寄发了 40 万份问卷，向学校提供了 4 500 份思考提纲。

在问卷调查的基础上，法国各大学区于 1998 年 1—3 月份组织了一系列研讨会，专门研究高中课程改革问题。

1998 年 4 月 28 日—29 日，教育部在里昂举行了以"高中应当教授哪些知识？"为主题的全国研讨会。各学区的教育管理人员、高中校长和教师、学生和家长、督导人员、各有关工会和协会、地方政府和企业界人士一千余人参加了研讨会。会上，组织委员会主席梅里教授提交了一份长达 25 页的综合报告，提出了关于高中课程改革的 49 条建议。

这一最终报告经修改后，于 5 月 11 日正式上报教育部。

这次高中课程改革的基本内容，体现在组织委员会的综合报告[①]上。该报告由 13 个主题构成，包含了关于高中课程改革的 49 条建议。现将 13 个主题的内容综述如下：

（1）高中在学校教育中的地位与职能

由于咨询问卷中，教师、学生与家长对高中的期望表现了极大的差异，报告首先对高中的使命进行了反思。报告认为，"高中是共和国的机构。其地位和功能不能仅仅以直接环境需求或商品社会的要求为准则"。"高中应当培养学生成为积极和团结的公民。"为此目的，高中要组织各种活动：教学、集体生活、外部交流、师生联系、管理与服务。这些活动的宗旨是有利于知识的传授，高中要培养学生对知识真诚和对真理追求的基本态度。

报告对高中机构也做出新的构想，未来的高中应当是单一的，但设普通、技术和职业等不同系列。"特别是要提高职业教育的地位，使其与普通和技术教育具有同等的价值，这是教育政策的绝对优先点。"

报告指出，"高中在教育系统中具有承前启后的地位。之前的义务教育服从于单一化的逻辑；之后的高等教育服从于专业化的逻辑。高中在逐渐分化前景中参与青年的知识与社会培训。为此，高中兼顾两个结构性部分的特点：一方面是所有学生都要接受的'共同文化'；另一方面是普通教育、技术教育和职业教育中的培训课程"。

---

① Ministère de l'éducation nationale de la recherche et de la technologie，Rapport final du comité d'organisation，Quel savoirs enseigner dans les lycées? Le 11 mai 1998.

（2）高中课程组织原则

报告认为，"课程大纲不能与程序化混为一谈。全国性的课程大纲仅是少量的指示，但可以构成共同文化的参考"。"课程大纲指出了学生知识形成所必不可少的概念、题材、时期、作者等，但从未包含必须学习和限定的著作。课程的确定必须适应双重需要：所有教师能够以类似方式理解；同时激发教师自由和创造性地阐述和发挥。课程辅助教学资料和补充方法也应循此要求"。

（3）共同文化

关于教学内容，报告提出一个新的概念——"共同文化"。共同文化的内涵，将由国家课程委员会根据高中毕业目标，为全国各类高中学生拟定。它将包括认识世界与履行公民义务的基础知识，和参与社会生活所必需的技能。它应包括各个领域：文学、人文科学、艺术、科技、外语、体育。它体现于高中所授的所有学科，又意味着把学生未来学习与职业生活所必需的技能，与相应的文化知识联系起来。共同文化构成一个统一的参照系，它有利于增强社会凝聚力和制止社会排斥。

报告原则规定了各学科的基本范畴。

法语：书面表达、口语表达、文学史、法文与外文著作学习等。

历史与地理：按年代与地理分布展示全部文明，重点学习现代史。

公民与法律及政治教育：法律史、政治制度、共和国体制、劳动法、公共辩论中数字信息的应用、社会重大问题、口语辩论。

体育：体质训练、个人身体保护。

艺术表达：戏剧、舞蹈、电影、体操、音乐等（任选至少两种）。

以上学科在各学习系列和所有年级中实施。

此外，所有高中都要传授基础科学文化，这是掌握当代世界变化的关键。所有高中的毕业年级都要开设哲学思考课，帮助青年探讨"人类生存条件"的普遍问题，掌握社会融合的真正工具。

所有高中学生还要掌握计算机的基本功能，如文字处理、绘制图表、网络操作等。

当然，科学与技术和外语也是所有学生必须学习的。

报告认为，因材施教是共同文化的基础，但是不同方法的实施不能背离共同文化。

（4）高中结构

报告对高中的学制系统重新确定如下：

普通和技术高中的一年级为定向年级。此学年不划分学习系列，课程包含共同文化中规定的课程和外语、数学、物理、化学、生命与地球科学等。自二年级始，才可以根据不同学习系列增加或减少相关课程。此外，学生应当系统接触一些新学科，如经济与社会科学、工业和第三产业技术科学。经济与社会科学课的目的是使所有学生了解当代世界经济与社会的组织原则及其关键环节。工业和第三产业技术科学要使学生学习应用先进的信息技术。

职业高中的一年级，即"职业学习证书"课程的第一年，为定向年级。学生在学习共同文化的同时，了解当代经济活动大领域中的职业特点。职业学习需利用足够的专门时间，以防止知识的支离破碎。这一年的学习应使每个学生理智地选择学习方向，避免过早或错误地确定专业。

尽管学生的专业定向趋于理性化，各学习系列的沟通也是十分必要的。因此，在一些学习系列之间开设若干"过渡班"。

职业高中一年级之后，向普通和技术高中过渡；

获得职业学习证书之后，向普通和技术高中二年级过渡；

普通和技术高中一年级之后，向职业学习证书过渡。

（5）学生在校辅导

报告认为，"学生在获取知识方面的平等，依赖于每个学生在校占有一定的时间、地点和资料等良好条件，进行个人学习。在一定范围内，班级中的个人学习和进行具体的练习是社会公正的保证"。"对于社会存在的不平等，学校应当予以校正：各种名目繁多的家庭补习，大量发展的'学校辅导'私人市场，可以在一定程度上弥补学校的不足。但是学校自己应当免费地和公正地组织这种系统。使每个有特殊困难的学生，都能求助于授课教师以外的教师。还应当鼓励学生之间的互助。"

（6）学科之间的关系

报告指出，"学科之间的协调是必要的。学科协调工作涉及从全国课程委员会到学校中的班级委员会等学校机构的各个层次。学科协调包括使用的词汇、方法、练习的性质、学生作业，乃至教学内容本身。要使学生更好领会每个学科特性及其互补性，促进学科之间的和谐"。

（7）高中及其经济与文化环境

报告认为，"高中是处于经济、社会和文化环境中的教学场所，但并不屈从于环境。相反，对于学生的培训来说，高中在这一环境中可以成为一个致富的因素。这就是'资源场所'的作用"。

"高中与工业和第三产业企业在比邻中相互致富。在与企业联系中，高中可以获得技术革新和行业变革的信息；对于企业，高中可以成为培训和技术革新方面的资源中心。"报告要求职业高中安排真正意义上的企业实习。学校与企业通过建立协议组织实习，协议须明确规定实习的目标，要求学生完成的任务，教师与企业培训人员的合作方式，学习评估程序等。而技术和普通高中应当安排学生到企业参观，了解现代工业的发展水平。

（8）职业高中的职能与变革

报告在前面7个主题的论述中谈到职业高中之后，在此又对职业高中的职能专门强调，"职业高中完全是职业活动和就业的预备场所，包含着学历培训和继续培训，它是各类职业及其文化的储备处。它也是具备各种职业能力、经验和文化的人们相互接触和交流的地方"。

"职业高中可以使学生获得所有高中学生应掌握的共同文化，获得所选职业的实际能力。学生的专业方向在学习过程中逐步确定。职业高中也可以为成人获得新的职业能力。"

"由于共同文化的教学要求，职业高中与普通和技术高中不可分离。因此，职业高中要逐渐融入学校城之中，在那里同时开设普通教育、技术教育和职业教育课程。但是这个学校城不能超过 1 500 名学生。"

（9）评估方式

报告重申，"最公正的考试方法是全国匿名考试——高中毕业会考。这一考试文凭是大学最初学历"。

"对学生的评估，涉及学生的全部素质和能力：严肃、认真、勤奋、有效时间管理、创造意识、参与学校生活等。学校手册记载有关资料。对于理科以及口语表达，评估要考虑实际操作能力。随着评估方式的变革，希望并可能实现评估趋向教学过程中的考核，如目前已在体育和职业课中实行的方法。"

报告拟建立一项跨学科的综合开卷考试，考试题目可以涉及文化艺术，或是社会问题，或是科学技术问题。此项考试作为高中毕业会考的预考，在高中二年级结束时进行。考生须提交 20 页左右的打字答卷，进行公开答辩，答辩评审委员会至少由两人构成。设立这一考试的目的主要是培养学生公共讲演和表达的能力，培训学生独立思考和首创精神，同时有利于逐步缩减高中毕业会考的内容。

（10）学　生

自 1992 年以来，普通高中每周 29.5 至 31.5 课时，课时以外便由学生自由支配。为了保证每个学生都能获得较好的学习条件，从而实现社会的公平，报告要求学生每周在校必修的学习时间固定为 35 小时。在这 35 小时中，学生可以得到所有必要的辅导。同时鼓励学生在 35 小时之外阅读与各学科相关的书籍。"阅读是高中教育的优先点。"

报告规定，普通高中的授课时间为 26（不含选修课）至 28 小时（含选修课），技术和职业高中的授课时间为 28（不含选修课）至 30 小时（含选修课），其中包括一定时间的实践课。

在学生必须参加的 35 小时之外，学校应当组织 3 至 9 小时非必须参加的课时，用于开展以下活动：

教师辅导下的作业与练习；

准备二年级末综合考试；

完成学习计划；

接受专门辅导；

在资料中心自习；

在计算机室学习；

小组活动；

与教学有关的参观访问。

学生参加社会文化和体育活动，应当受到鼓励。

（11）教　师

报告对教师的工作量也做了规定：

每周 15 小时授课，共 33 周，即每年 495 小时；

每周 4 小时辅导学生，共 33 周，即每年 132 小时；

参加考试工作。

另外教师每年可享有 35 小时的继续培训。

（12）学校机构

为了全面完成学校教学任务，报告认为学校组织的方式应以利于其运行为原则，而不是等级制。在校长及其领导小组的协调下，教师对其教学任务负责，并构成教学小组。学校除设立管理委员会之外，应增设学生生活委员会。

（13）结　论

报告最后指出，随着新型高中的建立，有必要对管理人员进行系统培训，有必要重新制定学校规划图。但是学校规划图的制定，不应仅仅适合于市场规律，还应服从于领土整治的全面政策和社会公正的原则。

教育部部长级代表鲁瓦雅女士在里昂的全国研讨会上致开幕辞，阐明了这次高中课程改革的意义。她说："知识的问题并不是简单的技术问题，通过教学内容，要培养明天社会我们所需要的人。""但是今天有太多的青年在进入成人社会时尚未掌握必要的知识。学生不是不愿上学，而是希望有更加完善的学校；不是需要灌满知识的脑袋，而是思维敏捷的头脑。要避免任何形式的排斥，共和国的学校是所有人的事业。学校的民主、让所有人掌握知识是政府的优先政策。"

教育部长阿莱格尔对研讨会做总结发言，他对于这次大型咨询和研讨的成绩表示肯定，并重申这一方式的重要性，明年还将利用这一方式进行初中课程改革的研究。他说："我认真地听取了你们的意见，这些意见不会没有回答，不会没有结果，今天我在你们面前庄严承诺。"

阿莱格尔指出，高中处于"十字路口，是要做出明确抉择的决定性的教育阶段"。教育系统中的这个关键环节，应当具有"共同的主干、诸多的通道和同等地位的学科系列"等特点。

在谈到法国职业高中的问题时，教育部长说不要妄自菲薄，一些国家对此也有好的评价，我们需要重新认识我们职业教育的水平，"应当使职业高中向普通高中和技术高中靠近"。

对"共同文化"的内涵，阿莱格尔肯定所有学生必须掌握的基本学科的重要意义的同时，明确强调"紧迫的是要对科学教育进行思考。科学也是文化的组成部分"。他说："一些非常现代的概念应当尽早讲授。数学的一个基本思想是，一个问题可以有多种解决办法，而不是唯一完美的解决办法。这种思想应当尽早教给学生，否则容易使思想僵化，或形成简单推理的思维。"

在谈到教学内容时，他还指出，"学生是过于繁重课程的受害者，特别是那些处境不利家庭的学生"，因此应当减少课程负担和课时数量。他认为，"面对知识的剧增，将知识堆积并不断增加课程和学习年限的办法已行不通了"，而需要对知识整体重新思考和筛选。他宣称，"未来的大纲将有较少的约束性，这是我从现在起向全国课程委员会提出的一个指示"。

教育部长十分重视教师的作用，他说，"在 21 世纪的世界中，知识将是基本产品，工业或文化产品将是世界竞争的关键，为什么学校及其教师不是未来的关键？"他向教师们表示，"我要赋予你们在社会中的中心地位，这是我在你们面前的庄严承诺"。

这次改革建议，最广泛地调动了高中生的积极性。在发出的 300 万份问卷中，回收了 1 812 109 份，78%的高中学生和 52%的教师回答了问卷。高中师生的参与热情出人意料。特别是百余名高中学生应邀参加了里昂的全国研讨会，他们不时地对新的改革建议报以掌声，反映了学生要求教育民主、要求改善教学的心声。

与年轻人的热情相反，一些学者对改革建议提出疑问，如果使教学内容趋于一致，如何面对学生的差异、地区的差异、社会的差异？

法国这次以"高中应当教授哪些知识？"为主题的高中课程改革核心是课程，但实际上涉及高中教育的各个方面。从高中的职能到高中的机构，从教学内容到教学方法，从内部管理到与社会联系，几乎无所不包。从报告本身看，长达 28 页，包含 83 700 个字符，虽然面面俱到，但理想主义的原则较多，措施并不具体，更难以落实。正是由于这些原因，法国政府未能也不可能全部采纳改革建议，只是吸取了其中合理并可实行的内容，于 1999 年由教育部公布了未来 21 世纪的普通和技术高中课程大纲。

第五节　20 世纪 90 年代后期的公民教育

1997 年 6 月 20 日，刚刚被任命为总理的若斯潘（L. Jospin）便在其施政演说中谈到公民教育："当公共生活浸淫着个人主义和拜金主义的时候，为了法国人团结在新的共和国协议中，有必要重新制定共和国伦理规则。重归共和国，首先要依赖学校，学校是共和国的摇篮。学校的教育使命之外，应当保证公民责任教育。学校不仅要教授和实践公民教育，也要教授和实践公民道德。""造就对共和国价值的深厚情感并使之永存。"①

教育部长阿莱格尔随后于 1997 年 10 月 27 日提出使青年成为"现代公民"，即具有精神自由的理性和普世价值。阿莱格尔认为，"公民道德从最简单的道德开始，即分辨善恶，尊重他人"，还要用三个词"解释共和国价值，自由，也是学习的自由；平等，不是平均主义，而是差异和尊重每个人；博爱，即信任与希望"。②

20 世纪 90 年代的公民教育基本上贯穿了法国共和国价值这一主线，突出法兰西民族主义与民族团结。

1995 年课程大纲这样规定公民教育目标："理解当代世界，并以自由和负责的人格对待世界，认识世界的多样性及其变革，积极参与社会之中。"③

在小学，课程大纲要求儿童具有责任意识，认识关于人的价值和公共生活规范，学习法兰西共和国的原则和民主制度。一方面，儿童要学习做负责任的公民，认识真理、诚实、勇敢、公正的意义，学会努力、有秩序地工作。既尊重自己，又尊重他人，认识人类的尊严，遵守文明规则，尊重病人和残疾人。另一方面，还要懂得社会中的公民生活，学习人权宣言，认识共和国的制度及其标志，认识民主生活的基本程序。

在初中，公民教育在偏重于国家政治制度的 1985 年课程大纲之上，增加了公民身份的学习。初中公民教育的三个基本范围是：人与公民权利教育、个人与集体责任教育、判断能力教育。学生要通过《1789 年

---

①　L. JOSPIN, *Le Monde* du 21 juin 1997, p. 8.

②　C. Allègre. *Le Monde* du 27 octobre 1997.

③　Arrêté du 22 novembre 1995 relatif aux programmes de la classe de 6e des collèges.

人与公民权利的宣言》《1948 年世界人权宣言》《1989 年国际儿童权利公约》、1958 年法兰西共和国宪法等重要文献的学习，认识与公民资格相关的关键概念和词汇。学生要培养自己分析日常生活状况的能力，学习一定的调查方法，学会选择信息与判断。学生还要在中学生活中学习社会生活，懂得尊重他人，能够负责任。

1995 年课程大纲开创了一个新的阐释方式，首先在课程大纲的正文中规定了公民教育目标、基本内容和主要方法，然后在附加文件中提供了教学的参考资料。

例如，在初中三年级的公民教育关于"权利与自由"辅助资料中，首先对个人与集体自由的目标加以阐释，指出赋予每个人的自由是可以行使其责任。理解自由与法律的限制相关，法律使自由的行使限定在不妨碍公共秩序和他人自由范围之内。知晓在自由行使之中存在矛盾与冲突。依据目的与目标，可以将自由划分为出版自由、思想自由、表达自由，依据行使方式可以界定为个人自由和集体自由。

然后，课程大纲的辅助材料进一步阐释不同性质的权利与自由。

第九章 新世纪的公民教育
（2002—2012）

　　进入新世纪，法国教育也面临新的课题。教育投入连年增加并未带动教育发展，教育不平等加剧，校园暴力频发，都促使法国政府深刻思考教育整体改革。

第一节 构建共同基础

　　法国 1989 年的教育指导法确定的教育发展目标是："由现在起经过 10 年，使同一年龄组的青年至少达到获得'职业能力证书'或'职业学习证书'的水平，使 80％ 的同龄青年达到高中毕业会考合格的水平。"但十几年过去，法律规定的目标并未实现。

　　一般来说，教育发展与教育成就应当是同步的。特别是 20 世纪的最后 10 年，法国教育发展较快，教育环境也有较大改善：教育经费增长了近 25％，小学教师数量增长了 2％，中学教师数量增长了 7.8％，小学生减少了 423 000 人，中学生减少了 130 000 人。在 1975 年与 2001 年间，小学生生均经费增长了 94％，中学生生均经费增长了 74％。但令人疑惑不解的是，这十年恰好是法国教育发展面临更多的问题与挑战。

　　第一，学业失败与文盲的比例居高不下。

　　法国小学入学率已达百分之百，并且 95% 以上的小学生能够进入初中。从数量上看，法国初等教育可以说已经完全普及。但是令人担忧的是小学生的留级率多年来居高不下，三分之一以上的小学生不能按期完成五年学业进入初中。这就是长期困扰初等教育的学业失败问题。

　　1998 年 6 月，法国国民教育部的一份报告证实：“根据各年情况，刚刚进入小学三年级的学生中有 21%—42% 不能掌握阅读或运算，或两个方面最低水平的能力。他们在进入初中时的比例为 21%—35%。”①

　　如果一个学生在阅读或书写上存在困难，在其他学科中的困难也会随之而来。特别是学习的困难往往给学生带来心理的创伤，他们可能在感到自己不行的同时把自己归为“另类”，导致自我封闭，从而远离学生群体。小学阶段的学业失败给以后的中等教育带来严重的困难。一些研究证明，五年按时完成学业的小学生在未来的中学阶段会有比留级生高五倍的机遇获得成功。而小学阶段学习是否能够顺利完成，又很大程度上取决于小学一年级的学习情况。

　　第二，无资格与无文凭的青年有所增长。

　　所谓无资格的青年，是指在未能进入职业高中的第二年级或毕业年级之前便离开学校的学生，他们未能达到最低职业资格，即获得职业高中毕业文凭。这一类青年占同龄人口的比例略高于 7%，在 1980 年时为 110 000 人，在 1990 年时为 82 000 人，在 1995 年时为 57 000 人，在 2000 年时为 56 000 人。虽然从 20 几年来看，这一比例呈下降趋势，但从 1994 年以来又有回升苗头，基本徘徊在 55 000—60 000 人之间。

　　所谓无文凭的青年，是指未能完成高中学业而中途辍学者，即在离开普通高中或技术高中时无高中毕业会考文凭，以及那些虽然进入职业高中的第二年级，但未能获得职业高中毕业文凭者。这一类青年的数量在 10 余年间一直徘徊在 150 000—160 000 人之间。

---

　　①　Ministère de l'éducation nationale, Améliorer l'efficacité de l'école primaire, rapport de l'Inspection générale de l'éducation nationale remis à Ségolène Royal en juillet 1998.

2002 年，法国共有无资格与无文凭的青年 158 000 人，这意味着他们中间将有大量的人进入失业队伍。据 2000 年统计，近 45％的 25 岁以下的无文凭青年为失业者，大大高于获得文凭的青年的比例。例如，获得职业高中文凭青年的失业比例为 20％，获得高等教育文凭青年的失业比例为 10％。

此外，高等教育的情况也不容乐观。55％的大学生不能在正常的 2 年时间获得大学的第一个文凭，即"大学基础学习文凭"（DEUG）。

第三，校园暴力未能得以有效遏制。

教师受到辱骂和人身伤害，教师的汽车轮胎被扎破，教师受到致死的威胁；学生参与诈骗、吸毒、性犯罪……这些不是影视作品中的镜头，而是法国学校中经常发生的暴力事件。

据法国教育部公布的数据，2002 年法国学校中发生的严重暴力事件超过了 81 000 起。而这一数字只是上报教育部的，并只涵盖了 75％的中小学在 6 个月期间的严重暴力事件，如全面统计整个年度的各类暴力事件，其数量肯定会大大膨胀。

校园暴力事件的频频发生，不仅使正常的教学秩序受到严重的损害，更引起了家长们的担心，甚至不敢让子女在本区的学校上学。尽管十几年来政府采取诸多措施防止学校暴力的发生，但是校园暴力事件并未能得以有效遏制。

面对诸多的教育问题，面对新世纪以终身教育为特征的学习社会，对于法国政府和学校来说，似乎也无退路，只有探讨一条新的途径，以促进每个学生获得基本知识和基本能力，从而在新世纪初便启动了关于"共同基础"的探讨。

适应 21 世纪教育发展的新形势，法国总理拉法兰于 2003 年 9 月 15 日组建了由教育部原评估与预测司司长克劳德·德洛（Claude Thélot）为主席的"学校未来全国讨论委员会"，并赋予该委员会两项使命：组织全国性的讨论，收集所有关于学校问题的思考和建议；为未来 15 年法国教育系统可能或期望的变革进行原则性描述，使政府能够清晰选择决策并准备一项新的指导法。

委员会在工作伊始便建立了自己的互联网网站，发表了由学校评估高级委员会邀请的四位专家对法国教育系统的问题撰写的题目为《对学校的初步诊断》一份报告，并提出了 22 个问题供全国讨论。

这次关于学校未来的全国大讨论，可以说是法国有史以来涉及面最广、参与人数最多的公开讨论。不仅有教育专家，还有学生、家长、教师、教育管理人员、政府行政人员、经济界人士、各团体组织人员，凡是与学校相关的人员都参加了讨论。在 2003 年 11 月 17 日至 2004 年 1 月 17 日间，委员会在学校和社区组织召开了 26 000 次会议，集中了上百万人次与会，整理了 13 000 份会议综述。访问委员会网站的人数约 40 万，网站还收到了 15 000 名参与者的 50 000 份电子信件，并收到了 1500 份邮政信件和来自 300 余个团体和协会的意见和建议。经过对以上活动和资料的梳理，委员会于 2004 年 4 月 6 日完成了一份题为"讨论之鉴——法国人谈其学校"[①] 的综合文件，提交给教育部，并公布于全社会。将报告的题目定为讨论之"鉴"，就是试图更客观地反映不同人士对学校的不同看法。报告全文有 640 页，由两部分构成。第一部分为整体介绍，归纳了所有参与者的思想脉络；第二部分为文字综述，概括了专门讨论、信函和协会组织的基本观点。

在 2003 年 9 月至 2004 年 9 月间，委员会还与 76 个团体组织举行了座谈会，访问了 200 余名专家学者，对法国教育系统进行了深入思考，于 2004 年 10 月 12 日向教育部提交了题为"为了全体学生成功"的最终报告[②]。

报告提出了未来教育的宏伟目标，正如其题目所宣示：为了全体学

---

① Commission du débat national sur l'avenir de l'École, Le Miroir du débat, Ce que disent les Français de leur École, septembre 2003-mars 2004.

② Claude Thélot, Pour la réussite de tous les élèves, Rapport de la Commission du débat national sur l'avenir de l'École, La documentation Française, Paris, 2004.

生成功。就是要使全体学生在义务教育完成之后，都能够掌握就业所必需的知识、能力和行为准则，并为终身学习奠定基础。

学校未来全国讨论委员会在其报告《为了全体学生成功》中，提出了一个核心概念："必不可少的共同基础"。

根据报告的解释，"必不可少的共同基础"是知识、能力和行为准则的整体，它不等同于学校课程的全部内容，而应当包含着 21 世纪生活所必需的要素[①]。"必不可少的共同基础"之所以不同于现行学校课程，一方面原因是现行课程往往缺乏内在联系，缺乏生动性，且负担较重，造成过多的学生学业失败；另一方面，它又允许有能力学习的学生扩大学习范围，因此不限定学习领域。

使全体学生成功，并不意味着所有学生都能够达到最高的学历水平，而是要使他们获得"必不可少的共同基础"，就是说他们在 16 岁完成义务教育时，学校要保证全体学生具备必要的知识、技能和生存态度。

委员会进一步设想，共同基础应当由两大支柱、两大能力和民主社会中共同生活的教育构成。

（1）两大支柱：语言和数学

保证学生掌握法语，是法国学校的首要任务，因为法语是法国社会交流的必要工具。学校首先要使学生学会正确表达、阅读和书写法语，然后要使学生掌握社会中应用的不同讲话方式，丰富其语汇，掌握语法结构。掌握法语不仅仅是语言训练，还要阅读大量文学、历史和科技著作。因此，日积月累的阅读，形成良好的阅读习惯是极其必要的。应当制止小学中复印资料的泛滥。

数学有助于严谨思维，也能够为日常生活中工作、选择和决定提供工具。提出问题和解决问题应当是数学学习的中心，既要以获得知识为

---

① Claude Thélot，Pour la réussite de tous les élèves，Rapport de la Commission du débat national sur l'avenir de l'École，La documentation Française，Paris，2004. P38.

目的，又要以获得知识为手段。计算、几何和数据管理是数学教学的三大领域，同时要兼顾语言的掌握。三个领域中专门词汇的应用不应成为学习的阻力，而应当通过阅读、写作和推理使之不断丰富。

（2）两大能力：英语和信息技术

对于极其崇尚本民族语言的法国人来说，法语在国际上地位的日益衰退是无法回避的事实，而要接受英语、使用英语则要承受巨大的心理压力，并要付出极大的努力去学习。在此报告中，也许是首次明文倡导学习英语，但并不是简单地称呼英语，而是定义为"国际交流的英语"。报告认为，国际交流的英语不再是诸多语言的一种，也不简单是特别有影响民族的语言，而是在科学、技术、贸易和旅游等领域中国际交流的语言。不是把英语作为排他性的外语强加于人，而是要把掌握英语作为国际交流必备的一种基本能力：理解英语为母语和非母语的人说的不同英语，理解所有人的不同表述。如果不能用国际交流的英语表达和交流，将是一种重大缺陷。

为使学生在义务教育之后能够真正掌握英语，委员会建议在小学三年级开始学习英语。

掌握信息与交流技术是共同基础中的另一基本能力。学校应当保证赋予每一个学生包括初步应用计算机的文化知识，不仅是由于信息技术在社会中广泛应用，改变了工作方式，也由于信息技术是终身学习的优先途径，还由于作为未来公民应当对互联网上无控制的信息流能够批判观察。

为此，委员会认为，应当继续支持自 2000 年法国开始在中小学设置的"信息与互联网证书"，并促进学校中计算机的应用和教师的培训。

（3）民主社会中共同生活的教育

委员会认为，从初等教育，即幼儿学校和小学开始，就要对所有学生实施学会共处的教育。从文明礼貌到公共事务都应当是学会共处的内容，包含着学会尊重自己和尊重他人，如不间断地听讲，见面与分别时致礼，学会关心公共利益，了解共同生活准则，如对作弊的惩罚，把握共和国民主价值观等。

依据关于学校未来的全国讨论委员会所提交的报告，政府起草了教育系统指导法案，后经议会于 2005 年 3 月 24 日通过了《学校未来的导向与纲要法》[①]，并于 2005 年 4 月 23 日由共和国总统正式颁布。

《学校未来的导向与纲要法》的附加报告，全面阐述了该法的基本精神：

为了一个更公正的学校：可信任的学校；

为了一个更有效率的学校：高质量的学校；

为了一个更开放的学校：倾听全国的学校。

一个更公正的学校，即可信任的学校，就是要为全体学生提供一个个人成功和职业成功所需要的信心。这一学校既要帮助最弱势的学生，又要鼓励最优秀的学生努力争先；既要贡献于全民教育水平的提高，又要扩大精英人才的选拔。机会平等不应停留在抽象的原则，而要调动所有手段来推动其落实，不能允许青年在离开教育系统时无任何职业资格，要在 10 年之后使 50% 的青年能够进入高等教育。

一个更有效率的学校，即高质量的学校，就是要强调致力于学生、家庭和国家的教育公共服务的质量。

高质量的学校首先依赖于高质量的教师。中小学教师的培训将完全由大学承担，教师培训大学学院将在未来 3 年逐步融入大学。中小学教师的培养将突出三大领域：学科文化的深入培训；面向不同学生的教学法培训，特别是针对残疾学生和困难学生的教学法的培训；作为教育公共服务的公职人员培训。教师培训大学学院的一年级学生仍要准备教师录用考试，但同时要参加中小学的实习和教学实践。教师录用考试的合格者才能进入教师培训大学学院的二年级学习，并成为实习教师，但其

---

① 　LOI n° 2005-380 du 23 avril 2005 d'orientation et de programme pour l'avenir de l'école, J. O n° 96 du 24 avril 2005 page 7166.

毕业后不应延续惯例再分配到困难学校任教。

高质量的学校也意味着保证校园安全，小学、初中和高中都要为每一个学生的学习和进步提供安全的范围，学生的安全是校长作为国家代表的首要使命之一，校长要与警察局保持联系，任何暴力行为都必须直接受到惩处。

高质量的学校还要求改善学校和班级的运行，要重新确认教师在教学中的主导作用，要突出班主任的责任，要完善班级委员会制度，要通过制定学校计划确定学校发展目标，并以此与学区建立三年合同。

一个更开放的学校，即倾听全国的学校，一方面体现在与家长建立密切关系，与经济界建立密切关系；一方面要求掌握外语和计算机与互联网通信技术，保持与社会环境和外部世界的联系。

为了这一更公正的学校、更有效率的学校和更开放的学校，需要构建"共同基础"。

《学校未来的导向与纲要法》基本采纳了学校未来全国讨论委员会关于构建"必不可少的共同基础"的建议，决定成立"教育高级委员会"，负责确定在义务教育结束时学生应当掌握的知识和能力方面向政府提出建议。

教育高级委员会由 9 名成员组成，其中 3 名由总统任命，2 名由国民议会主席任命，2 名由参议院议长任命，2 名由经济与社会委员会主席在议员外人士中任命。

但《学校未来的导向与纲要法》对"必不可少的共同基础"的内涵的界定与学校未来全国讨论委员会的建议略有不同，该法的第一款第 9 条是这样表述的：

"义务教育至少应当保证每个学生获得共同基础的必要途径，共同基础是由知识和能力整体构成，掌握共同基础对于学校成功、后续培训、构建个人和职业未来以及社会生活的成功都是必不可少的。这一基础包括：

掌握法语；

掌握数学基本知识；

具备自由行使公民责任的人文与科学文化；

至少会运用一门外语；

掌握信息与通信的常规技术。"

这一法律定义与学校未来全国讨论委员会的表述几乎没有差异，唯一的不同就是关于"国际交流的英语"的提法，尽管曾经在英语之前加上"国际交流"的定语，这种掩耳盗铃的方式还是不能被法国议员们接受。立法者所持的法兰西心态可能影响法国学校的外语教学踯躅不前，或缓慢前行，也可能有助于保住法语岌岌可危的国际地位，或促进欧洲多元文化的复兴。但无论如何，"共同基础"的框架已经确立，之后需要进一步细化。

2006 年 7 月 11 日，法国教育部颁布了《关于知识与能力的共同基础》的法令①，重申了《学校未来的导向与纲要法》的基本精神，并在其附件中对共同基础做出详细规定。

法令指出，义务教育不能归结为共同基础，共同基础也不能替代课程大纲。但共同基础却是义务教育的基础，其特别意义是构建一种各学科和课程融会贯通的学校教育基础文化，它使学生在学校及以后的生活中得以面对复杂的实际情况，能够获得终身学习的能力，适应未来社会的变化。

共同基础划分为七种能力，前五种分别与当前学科相关，分别为掌握法语，实践一门外语，数学基础能力，科学与技术文化，掌握信息与通信的常规技术，后两种能力为社会与公民能力和自主与创新能力。

---

① Ministère de l'éducation nationale, de l'enseignement supérieur et de la recherche, Décret no 2006-830 du 11 juillet 2006 relatif au socle commun de connaissances et de compétences et modifiant le code de l'éducation.

（1）掌握法语

对于法国学生来说，学会用法语阅读、书写和讲话是进入所有知识领域和获得所有能力的前提条件，法语又是获得平等机遇，获得公民自由的首要工具，因为它使人们能够理解和表达自己的权利和义务。

掌握法语包含三方面内容，第一是词汇、语法和正字等知识，第二是阅读、书写、口语表达、使用工具等能力，第三是学习态度。

需要指出的是，前两方面的内容主要涉及法语本身，后一内容则带有普遍性。它要求学生认识到语言作为思维工具和作为融入社会的工具的意义，学生要具有书面和口语准确表达的愿望，要有不断丰富词汇的愿望，对语言的悦耳表达和情感表述感兴趣，热爱读书，乐于公开交流、对话和辩论。

（2）实践一门外语

外语交流依赖于不同情况下的理解、表达、解释的能力，掌握外语需要经常实践和进行记忆训练，掌握外语也包含知识、能力和态度三方面内容。除了一般外语知识，法令强调学生要具备简单但有效的日常生活中的外语交流能力，如问候、邀请和请求原谅等基本礼貌用语的表达，读懂简短文字等。关于态度，法令希望学生要有用外语与外国人交流的欲望，有阅读外文报纸和听外语广播的欲望。

（3）数学基本要素

法令指出，要赋予学生一种必要的科学文化，使他们理解密切联系的世界和日常环境，并认识到复杂的事物仍然有基本规律可循。数学和科学技术有助于科学推理中知识构成的严谨性。

计算、几何和数据管理是数学各领域的三大要素，数学为日常生活中的行动、选择和决定提供了工具。掌握数学基本要素，主要通过解决问题，特别是贴近现实的问题得以实现。获得数学能力是掌握科学文化的前提条件。

学习数学可以使学生理解逻辑规律的存在，发展他们的严谨与准确的作风，使他们尊重理性所确立的真理，增强他们对论证推理的兴趣。

（4）科学与技术文化

实验科学与技术的目的是认识与描述真实的世界、自然的世界、人类建设并经人类活动改变了的世界。

学习实验科学与技术有助于学生区分事实和科学假设、舆论和信仰的不同。达到此目标的基本途径是观察、研究问题、操作与实验。

学生应当懂得，科学与技术有利于社会的进步与福利。

除了使学生掌握科学与技术文化的知识和能力之外，还要帮助于学生形成以下态度：

观察的辨别力；

对于发现自然现象原因，理性想象，思想开放的欲望；

批判精神：区分经证实的、可能的或不确定的，区分预言和预见；

对科学与技术进步的兴趣；

对科技变革的伦理意识；

关心生物、化学和电子应用方面的基础安全规则；

对环境、生物界、卫生负责。

（5）掌握信息与通信的常规技术

数字文化意味着信息社会中技术的安全与批判性应用，它涉及所有经济和社会领域都普遍应用的信息技术、多媒体和互联网。

学生应当掌握信息与通信技术的基础知识（计算机设备的基本构成、常用软件及其用途、信息处理与交流、技术特征、文件与资料、工作空间结构、多媒体制作等）。学生还要学会数字化信息的处理，并在同学之间交流结果，还要遵守知识产权规则，尊重公民权利与自由，学会自我保护。

（6）人文文化

法令对人文文化特别关切，在七种能力之外单独做出阐述。法令认为，人文文化可以使学生同时掌握连续与中断、一致性与相异性的意义。人文文化有助于判断、兴趣和感知能力的形成，可以丰富对现实的认识，以开放的视角观察人类社会的多样性，引导自我思考，激发道德情感。人文文化需要借助于广泛阅读文学著作（小说、诗歌、戏剧）。

关于人文文化知识，法令大体划分了其范围：地理、历史、欧洲、世界。例如，对于统一与复杂的世界，学生首先应当知道：人权；文明、社会、宗教的多样性；主要大型产品及其交流；全球化；世界的不平等与相互依存；资源、约束、危险；可持续发展；政治文化要素：政治、经济和社会组织的主要形式，国家的地位与作用；世界上的冲突与防卫的概念。

人文文化不仅赋予学生共同的参照，也使每个人产生构建个人文化生活的欲望，其主要途径是通过阅读、参观博物馆、看电影和戏剧、听音乐会等，以及通过参加各种文化、艺术和体育活动来实现。

（7）社会与公民能力

社会与公民能力的获得，是学生形成公民的价值、知识、实践、行为的过程，目标是有效参与社会与职业生活，在行使自身自由的同时具有尊重他人权利、拒绝暴力的全面意识。

学生要学会在社会中生活，并为其公民生活作准备。在态度方面，学生应当尊重自己，尊重他人（礼貌、宽容、拒绝偏见与成见），尊重另一性别，尊重私人生活，具有和平解决冲突的意愿，具有无他人即虚无的意识，具有团结合作的意识，具有权利与义务的意识，具有参与公民活动的意愿。

（8）自主与创新能力

人的自主是人权的必要补充，也是学校成功和适应未来生活的重要条件。

每个学生应当认识到学习的过程及其自身的优势与弱势，认识到企业和职业领域等方面经济环境，同时要培养独立工作能力，如安排工作时间，做笔记，查字典等，遵守相关指令，学会分析问题与解决问题，学会自我评价，学会选择继续培训和终身学习，能够坚持不懈，能够关照自己身体，学会游泳。

主动、自信、不断争取进步与成功是个人自主的基本态度。每个学生都应具备个人承担责任的意愿，开发自身智力与体力的意愿，寻找一切学习机会的意识，以其价值和选择影响他人的意识，对其他职业领域和合法意识的开放精神。

学生还应显示出设计、实施和实现在艺术、体育、文化遗产和社会经济等领域中个人或集体计划的能力。

当然，这些能力还是粗线条的要求，义务教育的任务并不局限于此，也不限制学生获得更广泛和更强的能力。尽管是粗线条的要求，要想使每个学生都能真正实现也非易事。

回顾法国 20 世纪 80 年代以来的改革进程，赋予每个学生基础知识和基本能力，使全体学生成功，几乎是所有改革报告和官方文件的主题。一方面是各种提法花样翻新、层出不穷；另一方面也引起了越来越多的质疑。

早在 1974 年，德斯坦就任总统伊始就曾表示，教育系统应当结束其"分拣站"的功能，"要让每个法国人具备最低限度的知识"。1984 年，法兰西学院在其报告中指出，"国家课程大纲应当确定最低限度的共同文化，即所有公民应当必须具备的基础知识和技能的内核。"1989 年，戈洛（François Gros）和布尔迪约（Pierre Bourdieu）共同主持的委员会在其报告中，则从另一角度强调，"教育不能留下不可接受的空白"。1994 年，国家课程委员会宣称，"共同基础的详细内容即将出台"，但并未见其踪影。1996 年，福洛领导的"学校思考委员会"，又提出了"起码知识"的概念。[1]

在初中问题上，法国政府于 1975 年进行了"统一初中"的改革，然后在 1995 年提出了"为所有人的初中"（collège pour tous），要求

---

[1]　Le Monde de l'éducation，N°332，Janvier 2005.

"这一初中能够接收所有学生而不论其状况如何，并以公正的方式对待他们，使他们理解，同时体现机遇均等和优质教学的理想"。20 世纪 90 年代末又提出"为所有人和为每个人的初中"（collège pour tous et pour chacun）。2003 年更进一步提出"真正为每个人的初中"　（collège réellement pour tous）。[1]

这些不断翻新的词汇，似乎是在表示改革的不断深入，又似乎是在展示法语词汇的丰富和表达的魅力。但是改革者的良苦用心并未轻易地被公众所接受。有人将"共同基础"讽刺为"最低保障工资型的文化"，"最低收入式的教育"，"文化小药片"。曾任国家课程委员会成员的一位专家指出："基础是一个陈旧的思想，从未真正地实行过。"[2]

实际上，法国教育未来法所确认的"构建共同基础"和"为了全体学生成功"，体现了 21 世纪教育的新理念、新要求。从教育学的角度看，这一教育改革目标正在逼近教育发展的新境界，或者说是新的教育乌托邦，因此其难度极大，甚至有些渺茫。即使这些改革目标最终未能实现，追求教育平等与公正的路总要继续。

在法国，中小学的道德与公民教育课程在不同阶段均有不同侧重，课程名称也不尽相同，在小学和初中为公民教育，在高中则称"公民、法治与社会教育"。

第二节　小学公民教育的内容

法国小学教育学制为 5 年，划分为两个学习阶段：基础学习阶段

①　IGEN，L'École aujourd'hui，2003.
②　Le Monde de l'éducation，N°332，Janvier 2005.

（包括预备班和初级班 I）和深入学习阶段（包括初级班 II、中级班 I 和中级班 II）。基础学习阶段的教学重点是让学生掌握法语和数学的基本知识，掌握公民教育中的基本概念，同时发展运动机能和感知能力；深入学习阶段在前一阶段学习基础上，引入初中学习科目的初步知识。小学的教学大纲由教育部统一制定，教材的编写、出版则由有关专家与出版社负责，允许各种教材的版本发行，学校可任选其一，由市镇级政府出资购买，免费借用给学生。通常一套教材可用数年。

　　小学教育为义务教育的第一阶段，目的是使学生学会获得知识的基本方法，启发学生的智力、对事物的敏感性，并使其动手能力、艺术能力和体育能力得到训练和发展，扩大他们对时间、空间、物体、现代世界及自身的意识。

　　小学每周课时为 26 小时，通常周三全天和周六下午不设课。具体课程安排如下：

法国小学基础学习阶段课时表

学　科	最低课时	最高课时
法语和语言掌握①	9	10
学习共处	0.5（每周辩论）	
数　学②	5	5.5
发现世界	3	3.5
外语或方言	1.5	
艺术教育	3	
体　育	3	

　　① 根据规定，每天至少保证 2.5 课时的阅读与写作，这一日常活动体现于不同学科之中，并计入总课时。

　　② 每天至少有 15 分钟用于心算。

法国小学深入学习阶段课时表

学　科	领　域	最低课时	最高课时	学科课时
法语文学 与人文教育	文学（讲述、阅读、写作）	4.5	5.5	12
	语言学习（语法）	1.5	2	
	外　语	1.5	2	
	历史与地理	3	3.5	
	集体生活（规定辩论）	0.5	0.5	
科学教育	数　学①	5	5.5	8
	实验科学与技术	2.5	3	
艺术教育	音乐教育、可视艺术	3		3
体　育		3		3

① 每天至少有 15 分钟用于心算。

法国小学跨学科课程课时表

跨学科课程	课　时
法语和语言①	13 课时分布于各学科，其中 2 课时用于阅读与写作
公民教育	1 课时分布于各学科，0.5 课时用于每周辩论

① 根据规定，每天至少保证 2 课时的阅读与写作，这一日常活动体现于不同学科之中，并计入总课时。

资料来源：Le B. O. N°5 12 avril 2007, Programmes de l'école primaire cycle des apprentissages fondamentaux hors-série.

　　法国的道德教育实际上从学前教育阶段就已开始，主要是使儿童接受集体的观念。儿童在进入幼儿学校时，经常是家庭关注的中心。而在幼儿学校，则是一个全新的世界，儿童应当学会与其他儿童相处，学会理解成人的行为。儿童要在新的有约束的环境中体会其行动的自由，构建与同伴和成人的新关系。儿童还会体会到与他人交流和合作的快乐。

班级生活还有利于发展语言交流的能力。

儿童应当在幼儿学校结束时掌握的能力

• 能够通过个人行为在班级活动中发挥作用，同时考虑集体生活的要求与约束；

• 能够认识学校中成人的不同职能和作用；

• 能够遵守共同生活的规则（尊重他人、爱护财物、礼貌规范……）并在其面对同伴的行动中表现出集体生活的若干原则（倾听、互助、主动……）。

从小学起正式设置"学习共处"的道德教育课，要求儿童从其同伴那里认识其行为，认识到集体生活的约束是他们自由的保障，惩罚不是成人的裁决而是规则的实施。他们要学习拒绝暴力、把握冲突、讨论遇到的问题。

但在小学低年级，设置"公民教育"课还为时尚早，只是在语文课中渗透一些基本概念：适应集体的规则、与同伴和成人对话、倾听他人讲话、合作。教师也要引导儿童自治和启发创造能力。

法国小学基础学习阶段学习共处课程的要求

知　识

理解并牢记：

• 共和国的主要标志的意义；

• 学校和班级集体生活的规则；在班级、在学校、在学习时间中所禁止和所允许的；

• 学校中成人的作用；

• （对于儿童的）安全规则：

家庭生活的主要物品的危险以及相关的安全规则，

道路中与行人相关的主要安全规则，

认识主要危险状况中须遵守的规则；

• 如何应对成人的侵犯； • 首要救助中心的电话号，父母的电话号； • 对于儿童的若干首要救助的手势； • 良好营养和身体活动的基本规则。 **能　力** 能够： • 遵守班级和学校的内部规则，并参与其制订； • 在规定讨论中提出其看法； • 解释规定讨论中出现的不同意见冲突，并参与其解决； • 在成人的帮助下，考虑这些行动的后果； • 参与集体工作，考虑某一计划的集体组织的各个方面； • 恰当地呼救，包括紧急电话；做出简单的求救手势。 **态　度** • 尊重所有教育共同体的成员； • 学会尊重自己和他人，成人与儿童，以尊重人的方式讲话； • 在班级和学校中，具有权利与义务的意识； • 尊重他人的差异； • 在语言和行动中尊重另一性别的儿童； • 尊重预留给另一性别儿童的场所；懂得羞耻； • 开始区分学校生活与私人生活的差异（慎重对待自己和他人）； • 在冲突中，劝阻争论，并在无法解决冲突时向成人求助； • 接受学校集体工作所给予的角色； • 主动参与制订集体计划； • 主动参与校外的集体行动。

资料来源：Le B. O. N°5 12 avril 2007，Programmes de l'école primaire cycle des apprentissages fondamentaux hors-série.

　　"公民教育"课自小学三年级正式设置。其基本目标是使每个学生在个性特点和独立性逐渐形成过程中更好地融入班级与学校生活。公民教育课要引导学生思考生活中提出的具体问题，意识到个人自由、社会生活的约束和价值分享的相互关系。

法国小学深入学习阶段公民教育课程的要求

知　识

理解并牢记：

- 儿童具有教育、安全和健康的权利（儿童权利国际公约）；
- 不可让步的普遍权利（人与公民权利宣言）；
- 共和国的主要标志的意义；
- 共和国的主要机构和主要地方区划；
- 学校和班级集体生活的规则及其意义；在班级、在学校、在学习时间中所禁止和所允许的；
- 学校中成人或学校生活参与者的作用；
- 学校信息与通信技术使用章程所指出的权利与义务；
- （对于儿童的）安全规则：

  家庭生活的主要物品的危险以及相关的安全规则，

  道路中与行人相关的主要安全规则，

  认识主要危险状况中须遵守的规则；
- 如何应对成人的侵犯；
- 首要救助中心的电话号，父母的电话号；
- 对于儿童的若干首要救助的手势；
- 良好营养和身体活动的基本规则。

能　力

能够：

- 遵守班级和学校的内部规则，并参与其制订；
- 认识其行为结果对集体生活的影响；
- 在规定讨论中提出其看法，解释规定讨论中出现的不同意见冲突，并参与其解决；
- 参与集体制订计划；以不同的身份参与集体计划；参与计划的不同阶段；
- 恰当地呼救，包括紧急电话；做出简单的求救手势。
- 达到道路安全初级考试的知识和能力要求。

续　表

态　度
・学会尊重自己和他人，以尊重人的方式讲话； ・在班级和学校中，具有权利与义务的意识； ・在语言和行动中尊重另一性别的儿童；尊重预留给另一性别儿童的场所；懂得羞耻； ・开始区分学校生活与私人生活的差异（慎重对待自己和他人）； ・在冲突中，劝阻争论，并在无法解决冲突时向成人求助； ・接受学校集体工作所给予的角色； ・具有主动兴趣（如参与制定集体计划）； ・在电子交流和出版上尊重他人并保护自己。

资料来源：Le B. O. N°5 12 avril 2007，Programmes de l'école primaire cycle des apprentissages fondamentaux hors-série.

　　2008 年 9 月，法国实施小学教育改革（la réforme de l'enseignement primaire）时，将长期实施课时安排调整为 4 天，即每周一、二、四、五上课，每天 6 小时。以前周六上午的课时取消，给孩子和家长以完整的周末。但周三仍然休课，以保证学生精力充沛。

2008 年法国小学课时表

基础学习阶段			深入学习阶段		
学　科	年课时	周课时	学　科	年课时	课　时
法　语	360	10	法　语	288	8
数　学	180	5	数　学	180	5
体　育	108	9*	体　育	108	11**
外　语	54		外　语	54	
艺术实践与艺术史	81		实验科学与技术	78	
发现世界	81		人文文化： 艺术实践与艺术史 历史与地理、公民与道德教育	78 78	
总课时	864	24	周课时	864	26

* 此周课时可根据教师的教学计划调整，但须遵守每个学科的年课时总量。

** 艺术史的年课时量为 20 小时并与各学科相关。

资料来源：Bulletin officiel［B. O.］，hors-série n° 3 du 19 juin 2008.

新的课时改革也伴随课程改革，初等学校的公民教育内容也有所调整。幼儿学校课程无学科安排，小学低年级的公民教育被纳入发现世界的课程之中，高年级的公民与道德教育单独列出，但属于人文文化的子科目。

幼儿学校的教育目标依然是帮助儿童能够在小学阶段的基础学习中具备独立学习的能力，特别是学习法语的能力，并要求儿童与成人建立良好关系，成为合格的小学生。

教育儿童成为合格的小学生，主要有两项内容：学会共处和自主合作。

学会共处，就是学习礼貌规则和符合道德规范的原则。儿童要在集体中发现被接受和被认识的乐趣，认识集体的约束，逐渐参加接纳同伴的活动。儿童在对话和交流过程中，要学习礼貌规则，如在每天学校活动的开始与结束时向老师致敬，回答别人的提问，感谢提供帮助的人，不打断别人讲话等。儿童要学会尊重他人和他人的物品，服从成人的指令。

合作并学会独立自主。儿童在做游戏、听故事、唱儿歌等活动中，获得集体与合作的乐趣，同时学习与他人的合作，承担一定的责任。儿童应当逐渐了解学校的共同规则，学校的特点，老师与父母的区别。儿童还应逐渐适应集体活动的节奏，知道集体活动与满足个人兴趣的区别。儿童在幼儿学校结束时，应当知道他们及其同伴所犯的错误，也能够区分学校学习和日常生活行为的差异。

小学一、二年级的公民与道德教育的基本目标是让学生学习社会礼貌与行为规范，逐渐形成独立自主的行为能力。

小学生要懂得道德的基本原则。这些原则可以用格言表述，并由教师加以解释，如"个人自由止于他人自由之始""己所不欲，勿施于人"等。小学生要懂得权利与义务的概念。

小学生继续巩固幼儿学校学习的集体生活和礼貌规则，如不要在别人讲话时插嘴，当成人来到教室时起立，分发与整理物品等。

小学生要学习卫生与安全知识，获得有关不同形式虐待的信息，也要认识到使用互联网的危害。

小学生要认识法兰西共和国的标志，如《马赛曲》、三色旗、玛丽亚娜半身像和"自由、平等、博爱"的格言。

课程大纲要求学生在二年级结束时，应当具备以下社会与公民能力：

- 认识法兰西共和国的标志；
- 尊重他人与集体生活规则；
- 参加集体游戏或竞技活动并遵守其规则；
- 在与同学、成人和老师的交往关系中遵守礼貌规则；
- 在班级的语言活动中，遵守交流规则；
- 寻求帮助以及寻求某些成人的帮助。

在小学高年级阶段，公民与道德教育的目的是使每个学生在个性与独立性形成过程中更好地融入班级和学校集体。公民与道德教育课程要引导他们思考学校生活中提出的具体问题，如个人自由与学校生活约束的关系，个人行为的责任，尊重分享价值，礼貌和尊重他人的重要性。

在学习历史和地理的同时，公民教育要使学生认识法国和欧洲的标志、价值观、基本文献，特别是《人与公民权利》宣言的重要性。

具体来说，学生应当学会：

（1）尊重自己，恪守诚信。包括文明礼貌的基本原则，集体生活的约束，安全规则与禁止危险游戏，求助的基本手势，公路安全的基本规则，认识使用互联网的危害，绝对禁止伤害他人。

（2）认识法律规则。通过司法格言的解释，如"任何人都不被认为是法盲""不可既是当事人又是法官"，认识在社会关系组织中的法律规则。

（3）认识公共和民主生活中的基本规则。包含拒绝任何性质的歧视，代议制民主（选举），法律的制定（议会），行政（政府），民族团结（社会福利、代际责任）。

（4）认识法国国家构成。（结合地理课程学习）法国的领土特征，（结合历史课程学习）法国统一的各个阶段，国籍获得的规则，民族语言（法兰西学院）。

（5）认识欧洲联盟与法语联盟。包括欧盟盟旗和盟歌，欧洲的文化多元性和欧洲建设的政治计划的意义，（结合地理课程学习）法语国家构成的语言与文化的共同体。

新的课程大纲对共同基础的七个方面均做出规定，在第六项关于社会与公民能力的规定如下：

• 认识欧盟的标志；

• 尊重他人，特别是遵守男女平等的原则；

• 意识到人类的尊严并落实在日常生活之中；

• 遵守集体生活规则，特别体现于竞技体育之中；

• 理解权利与义务的概念，接受并在实践中执行；

• 参与对话体验：在他人面前讲话，倾听他人讲话，发表个人观点；

• 与同伴合作；

• 做出求助手势；

• 获得公路安全的基本知识，认识某一活动、游戏或姿势具有生命危险。

2007年和2008年的公民与道德教育课程实际变化不大，都包含着公民教育与道德教育两个方面的内容，只不过2008年的课程明确命名为"公民与道德教育"，说明道德教育的成分有所加强。

第三节　初中公民教育的内容

1985 年课程大纲规定的公民教育曾围绕地方行政机构、国家行政机构和国际机构展开，而 2002 年的课程要求以人的基本权利为核心目标，着眼于人与公民的培养。初中一年级要理解人的权利与义务，二年级和三年级学习平等、团结、自由、安全和公正等构成民主社会的价值观，四年级主要是认识法国公民身份的范畴。

2002 年的课程大纲对初中一年级公民教育课的基本要求，是认识学校的意义，认识初中是学习的场所和教育的共同体。初中生活体现在有组织的共同体，有其内部规定，既是信息与培训的场所，也是有责任学习的场所和公共生活学习的场所。教育是所有人的权利，承担公共服务的使命，同时具有世俗化的特征。学生应当认识人的权利与义务，学生同样是具有权利与义务的人。在讲到人的权利与义务时，课程大纲将权利与义务分别列出并加以对照，使学生清楚区分两者的不同与关联。

权　利	义　务
尊重自己	尊重他人
防备身体与道德侵犯	不使用暴力
自由表达	倾听他人
获得信息	与班级代表合作
参与班级代表的选举并成为被选举人	当选后要行使职能
团　结	帮助有困难者
享受集体设施	爱护集体设施，保护当地设施和环境

资料来源：Ministère de l'éducation nationale, de l'enseignement supérieur et de la recherche, direction de l'enseignement scolaire. Enseigner au collège, histoire-géographie，éducation civique. Programmes et accompagnement. réédition septembre 2004，（édition précédente：juillet 2002）.

初中二年级公民教育的基本内容为平等、团结、安全等概念。学生应当了解平等的概念，包括法律面前的平等、拒绝歧视、人的尊严。团结，意味着团结的精神，集体团结。安全，包括在学校和在日常生活中的安全，面对重大危险时的应对。

在认识交通安全时，要求学生不仅看到事故的直接损失，还要关心社会成本，为此课程大纲的辅助资料提供了一份分析图示。

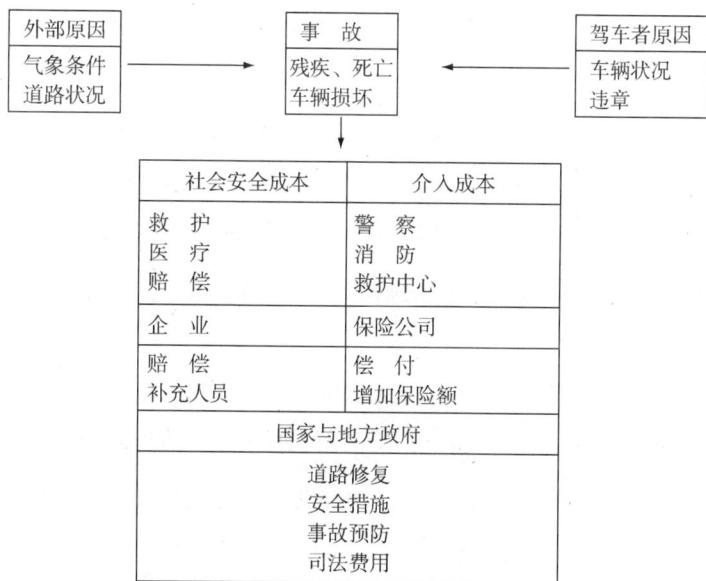

外部原因 气象条件 道路状况	→	事　故 残疾、死亡 车辆损坏	←	驾车者原因 车辆状况 违章

社会安全成本	介入成本
救　护 医　疗 赔　偿	警　察 消　防 救护中心
企　业	保险公司
赔　偿 补充人员	偿　付 增加保险额
国家与地方政府	
道路修复 安全措施 事故预防 司法费用	

资料来源：Ministère de l'éducation nationale，de l'enseignement supérieur et de la recherche，direction de l'enseignement scolaire. Enseigner au collège，histoire-géographie，éducation civique. Programmes et accompagnement. réédition septembre 2004，（édition précédente：juillet 2002）.

初中三年级的公民教育学习内容为理解自由、权利和司法等概念。

自由，包括个人与集体的自由，体现在表达的自由，私人生活受到尊重的权利，以及应对信息的挑战。司法，是自由与基本权利的有效保证。学生需要了解司法的原则，司法组织，求助渠道。对于人权、共同价值、国民身份、欧洲公民等概念，学生也应当学习。

初中四年级为义务教育的终止年，公民教育课程将公民身份作为核心内容。第一部分为"公民、共和国、民主"，主要解释法国政治生活的基础。第二部分为"共和国的政权组织"，介绍国家的行政机构。第三部分为"公民的政治与社会身份"，强调政治与社会参与的活动者、方式和地点。第四部分涉及法国社会辩论的若干热点问题。第五部分"国防与和平"介绍国际背景变化中法国的国防、集体安全、和平团结与国际合作。

2008 年，法国初中公民教育课程①有较大调整。

初中一年级公民教育课的主要内容是"中学生、儿童、居民"三位一体的身份学习。学生须了解家庭、学校和社区等集体生活的不同侧面及其规则。作为学生，首先要认识学校是学习的场所，每个学生都有学习的权利，同时也有遵守学校规则的义务。学校是公共机构，世俗化是其基本原则。作为儿童，首先是人，具有法律身份并受到国家的保护。儿童又是未成年人，需要服从其法律责任人的权威并由其加以保护，儿童既有其权利，也有其特殊的义务。作为居民，需要了解城镇的组织和民主决策程序，直接参加或通过社团参加公共生活，同时有责任保护生活环境。

随着公民教育的深入，初中二年级学生主要学习"差异与平等"的概念，认识人类的差异，正确对待他人。首先学习的题目是"人类，唯一的人道主义"，需要认识个人之间和各种文化虽有不同，但同属于人类。了解不同文化的意义在于消除种族歧视。学习的第二个题目是"平

---

① Programmes de l'enseignement d'histoire-géographie-éducation civique. Bulletin officiel spécial n° 6 du 28 août 2008.

等，构建中的价值"，学生应当了解平等是共和国的基本原则之一，是历史发展的成果，并载入法律。不平等和歧视是公民之间和政治运动关注的目标，个人和集体都有责任减少不平等。第三个题目是"安全与重大危险"，国家和地方政府都在努力防止重大危险，公共安全要求每个人参与，学生应当遵守学校的安全规则。

新的初中三年级的公民教育课程与之前课程基本一致，也是"自由、权利和司法"。第一部分的题目是"在法国行使自由"，自由，包括个人与集体的自由，体现在信仰自由、表达自由、结社自由、政治自由和私人生活受到尊重的权利。所有自由局限于对他人自由的尊重。第二部分的题目是"法国法律与司法"。法律规定了社会中人的关系，司法是遵守法律的保证。未成年人的法律具有特殊性，未成年人的司法权具有保护儿童、制止轻罪的双重功能。第三部分是"安全与人权"。安全是个人行使权利和自由的保证，法律保证个人与财产安全。国家公共力量保证对公共规则的遵守，并防止违法犯罪。

新的初中四年级的公民教育课程也是将公民身份作为核心内容，题目是"民主的公民身份"。第一部分为"共和国与公民身份"，主要解释法兰西共和国的价值、原则和标志，法国国籍和公民身份与欧洲公民身份，选举权。第二部分为"民主生活"，主要介绍第五共和国的行政机构、欧洲议会、政党、公民及其民主参与的不同形式，解释利益集团和工会组织，公众舆论与媒体及互联网的作用。第三部分为"国防与和平"，介绍和平、集体安全与国际合作、法国国防与国际行动。

法国初中一年级课时表

必修课	课　时
法　语	4＋（0.5）ou 5
数　学	4
外　语	4

续　表

必修课	课　时
历史、地理、公民教育	3
科学与技术：	
地球与生命科学	1＋（0.5）
技　术	1＋（0.5）
体　育	4
辅导和学生个人作业：周 2 小时	
班级生活：学年 10 小时	

注：括号内的课时为人数缩减的班级而定。每个学生可以学习学校开设的选修课。

资料来源：Arrêté du 14-1-2002，B. O. n° 8 du 21 février 2002.

法国初中二年级课时表

表 1　必修课（一）

学　科	共同课课时	加发现之旅课时
法　语	4	5
数　学	3.5	4.5
第一外语	3	4
第二外语或方言	3	
历史、地理、公民教育	3	4
科学与技术：		
地球与生命科学	1.5	2.5
物理与化学	1.5	2.5
技　术	1.5	2.5
艺术教育：		
造型艺术	1	2
音乐教育	1	2
体　育	3	4

必修课（二）

	课　时
学校未安排的课程	0.5
班级生活	学年 10 小时

表 2　选修课

学　科	课　时
拉丁语	3
方　言	3

资料来源：Arrêté du 14-1-2002，B. O. n° 8 du 21 février 2002.

法国初中三年级课时表

表 1　必修课（一）

学　科	共同课课时	加发现之旅课时
法　语	4	5
数　学	3.5	4.5
第一外语	3	4
第二外语或方言	3	
历史、地理、公民教育	3	4
科学与技术：		
地球与生命科学	1.5	2.5
物理与化学	1.5	2.5
技　术	1.5	2.5
艺术教育：		
造型艺术	1	2
音乐教育	1	2
体　育	3	4

必修课（二）

	课　时
学校未安排的课程	1
班级生活	学年 10 小时

表 2　选修课

学　科	课　时
拉丁语或方言	3

资料来源：Arrêté du 14-1-2002，B. O. n° 8 du 21 février 2002.

法国初中四年级课时表

必修课

学　科	周课时
法　语	4.5
数　学	4
第一外语	3
第二外语或方言	3
历史、地理、公民教育	3.5
地球与生命科学	1.5
物理与化学	2
技　术	2
艺术教育： 　　造型艺术 　　音乐教育	1 1
体　育	3

	课　时
学校未安排的课程	0.5
班级生活	学年 10 小时

选修课

学　科	课　时
职业发现	3 或 6*
或第二外语或方言	3
古语言（拉丁语、希腊语）	3

* 职业发现课可以增至 6 课时，同时可以免去第二外语或方言。

资料来源：Arrêté du 2-7-2004 JO du 6-7-2004.

第四节　高中的公民、法治与社会教育

公民培养是教育系统的重要使命之一，而高中学生临近和达到法定公民年龄，因此高中的公民教育尤显重要。高中的公民、法治与社会教育课程其实是通过对公民身份概念的深入分析，面对现实世界，重新学习其原则、形态与实践。高中的公民、法治与社会教育创建于 1999 年，初建的课程①以几个主题和定义展开。

高中一年级着重学习"以公民身份在社会中生活"，主要学习内容是 4 个主题和 7 个定义。4 个主题为：公民身份与礼仪、公民身份与社会融合、公民身份与工作、公民身份与家庭关系的变革。7 个定义为：礼仪、社会融合、国籍、权利、人与公民权利、公民与政治权利、社会与经济权利。

高中二年级的公民、法治与社会教育课着重学习"制度与公民身份的实践"，主要是对政治参与和实践公民身份的思考，理解权利、政治制度和自由，主要学习内容也是 4 个主题和 7 个定义。4 个主题为：公

---

① Éducation civique, juridique et sociale enseignement obligatoire-séries générales A. du 9-8-2000. JO du 22-8-2000.

民身份的练习与政治权力的代表制和法治、公民身份的练习与政治参与形式和集体行为、公民身份的练习与共和国和地方主义、公民身份的练习与公民权利。7 个定义为：权力、代表制、法治、法治国家、共和国、民主、国防。

高中三年级公民、法治与社会教育课主要学习"当代世界变革中的公民身份"，要在前两年学习的基础上，认识民主国家与社会中的权利、公正、自由和平等正面临新的挑战，特别是科学技术的变革、公正与平等的新诉求、欧盟的构建和经济文化的全球化。主要学习内容是 4 个主题和 8 个定义。4 个主题为：公民身份与科学技术的变革、公民身份和公正与平等的新诉求、公民身份与欧盟的构建、公民身份与世界化的形式。8 个定义为：自由、平等、主权、公正、普遍利益、安全、责任、伦理。

当前普通高中的公民、法治与社会教育课程大纲①制定于 2010 年 9 月 30 日。高中一年级公民、法治与社会教育的主题是"法治国家"，高中二年级公民、法治与社会教育的主题是"制度、政治与社会生活、国家与国防"，高中三年级公民、法治与社会教育的主题是"面临重大伦理问题的公民"。

1. 高中一年级："法治国家"

高中一年级是初中至高中的转折点，公民、法治与社会教育课的目标是从社会生活出发，重新认识初中学习过的公民身份的概念。围绕"法治国家"这一主题，教师须按照每周半小时的课时量，分别从"法与社会生活""公民与法"和"公民与正义"等几个题目安排教学。

按照课程大纲要求，教师在课程开始时首先须重申《人与公民权利宣言》和法国宪法序言中关于共和国的价值与原则，然后对法和权利的

---

① Programme d'enseignement d'éducation civique, juridique et sociale en classe de seconde générale et technologique. Bulletin officiel spécial n°9 du 30 septembre 2010. NOR：MENE1019676A. arrêté du 21-7-2010-J. O. du 28-8-2010. MEN-DGESCO A1-4.

基本概念加以解释。

在"法与社会生活"为题目的课上，学生首先应当理解"法"的概念。法语"Le droit"既表示"法"，也表示"权利"。法，是对共同生活规则的尊重，是解决或减少冲突的方法，也是组织社会中人与人合作的方法。法，体现于公民的日常生活之中，也体现在公法（宪法、行政法、预算费）与私法（民法、刑法、商法和劳动法）的中间环节上。法与社会的关系十分密切，社会影响着法的范畴及其变革，法也参与社会的变革。

这一课程的关键是将中学生置于权利与义务的审视之中。学生可以通过具体学习国籍法、外国人法、婚姻法等相关条款，理解权利与义务的关系，也可以在劳动法的学习中，认识工作合同、罢工权利。

在涉及"公民与法"的题目时，教师须阐释"法"的意义。法，即权威，政治集团意志的体现，须经过吸收社会关切并经民主辩论过程制定。法，一经生效与颁布，便须得到认识与尊重。对于高中生来说，可以通过学习一些现行法律和观察当前社会某一法案的辩论，认识公民的法律责任。

"公民与司法"的课程，要求学生认识到司法是公民权利的保证，司法的使命是维护正义、惩罚邪恶、解决冲突。司法诉求的平常化体现出对社会法治现代化的期待，以及关于司法运行机制的辩论。

在此题目中，教师应当介绍司法机构，参照过去或当前发生的重大案例，认识诉讼程序的矛盾、无罪推定、辩护权、申诉途径等。教师还可以介绍未成年人的司法案例，包括历史上关于对未成年人监禁与管教的辩论，法官对法律的解释。

2. 高中二年级："制度、政治与社会生活、国家与国防"

高中二年级公民、法治与社会教育的主要目标是思考公民在共和国的政治作用。学生学习的第一个题目是"共和国的制度"，了解"法国是一个世俗的、民主的、社会的和不可分割的共和国"。法国同其他民主国家一样，保证基本自由，反对专制，权利分割和政治与社会的多元化。

学生要了解第五共和国的体制是总统由直接普选产生，五年任期，须由同期国民议会的多数议员支持才能执政。宪法是共和国的最高法律，它规定权力、（总统与政府）行政权和（议会）立法权的关联。所有法律须符合宪法和民主原则，并由宪法法院负责监督。

在第二个题目"代议制与思想民主"中，学生要知道法国是代议制国家，从国家到乡镇各个层面，人民选举总统和议员作为其代表。投票便是公意的表达方式。

第三个题目是"政治与社会承担"，要求学生认识到行使公民权利不仅仅是参加选举，民主制度中的社会有多种承担方式，政党是准备获得政权并执政，工会则是要维护团体的物质或道德利益而对政治权力施加影响，但不以执政为目标。

第四个题目是"国家、国防和国家安全"，学生应当了解停止征兵、军人职业化、军备的精密化与成本增加使公民与国防和国家安全的关系发生变化。边境入侵等传统战争已经淡化，但法国还要参与国际安全的外部行动。

3. 高中三年级："面临重大伦理问题的公民"

高中三年级，也是高中毕业年级，将在公民、法治与社会教育课程中讨论一些重大社会问题，以便理解政治活动、社会文化运动在社会辩论中的作用。

课程涉及的第一个题目是"生物伦理"。学生在此面临的主要问题是，干预人类生命可以或应当是何种规则，或者说如何理解生命。在生物伦理学看来，生命有其尊严，不可侵犯、不可替代，而现实中，总有对待生命的各种不当方式。学生应当梳理出对待他人，对待生命的普遍原则。

第二个问题的题目是"世俗共和国的信仰与文化的多元化"。学生应当认识到，民主社会是交流开放的多元社会，它汇聚了不同历史渊源、不同宗教信仰、不同社会状况的人口。公民身份的意义在于原则上保证在共和国统一之中的每个人具有同等尊严，尊重其信仰与观点。学生应当了解法国世俗化的历史与现状，认识到世俗化是信仰和观点自由的法律条件，是法兰西共和国的基本概念。国家宗教中立，信仰自由，宗教活动自由，但不得干扰公共秩序。一些宗教流派和原教旨主义以哲学和宗教面目作伪装，目的是瓦解政权，导向不宽容和孤立。

"金钱与社会"是第三个学习题目。金钱是社会普遍存在的现象，表示资本、遗产、工资、储蓄和信贷等多重意义。如果说经济理论中的货币是一种中立的工具，但不能不看到它的价值交换的实际用途，也不能回避伦理思考。金钱可以作为获得福利与服务的手段，也可以是炫富的工具，还可以是敛财的目标。金钱也体现着社会联系，它方便了交流，成为自由的一种工具，但也诱发了利己主义和异化，滋生着现实的和象征性的暴力。

此外，货币也是现代国家产生的基础。如果没有货币符号，既不可能有中央行政，也不可能存在依据客观规则制定的法律管理的人与人的关系。同时，金钱还是强盛与统治的工具。

学生可以从"金融道德化"的角度思考金钱。资本主义金融危机经常引起社会辩论。金融危机产生的重要原因在于金融行为越来越盈利，但更具风险。学生可以跟随当前社会讨论的主题，阐发个人观点。

学生还可以从生活模式来理解金钱。一些人的行为有时显示出金钱具有绝对的价值，对此学生们应当思考与金钱的关系，思考我们社会的选择，如货币的社会作用，消费社会的性质，借贷问题，收入的重大差距等问题。

学生们讨论的第四个题目是"暴力与社会"。所谓"暴力"，是指以强力或其他方式对某人或群体身体或道德的伤害。在法国社会，各种各样的暴力时有发生，在媒体中几乎无时不在，这是不可容忍的。一些暴力具有物理性质，如打伤，另一些暴力则是象征性的，如辱骂、歧视、侮辱。政治与社会生活中时常讨论暴力问题，学生们应当认识暴力现象的个人责任与集体责任。讨论的小题目可以是暴力与竞技运动、暴力与青年、暴力与工作。

高中一年级的课程表

必修课	学生课时
法　语	4 小时
历史—地理	3 小时
第一外语 第二外语	5.5 小时
数　学	4 小时
物理—化学	3 小时
生命与地球科学	1.5 小时
体　育	2 小时
公民、法治与社会教育	0.5 小时
个别辅导	2 小时
研讨课	2×1.5 小时
学生总课时	28.5 小时

高中二年级的课程表

必修课	各系列学生课时		
共同课	理　科	经济与社会科学	文　科
法　语	4 小时	4 小时	4 小时
地理—历史	4 小时	4 小时	4 小时

续　表

必修课	各系列学生课时		
第一和第二外语	4.5 小时	4.5 小时	4.5 小时
体　育	2 小时	2 小时	2 小时
公民、法治与社会教育	0.5 小时	0.5 小时	0.5 小时
共同课总课时	15 小时	15 小时	15 小时
专业课	理　科	经济与社会科学	文　科
数　学	4 小时	3 小时	
科学［理科系列：物理 3 小时，生命与地球科学 3 小时或工程师科学 7 小时］	6 小时	1.5 小时	1.5 小时
经济与社会科学		5 小时	
法国文学			2 小时
外语讲授的外国文学			2 小时
文科系列选修课：艺术 5 小时、杂技艺术 8 小时，应用数学、第三外语、第一和第二外语深修、古语言			3 小时
专业课总课时	10 小时	9.5 小时	8.5 小时
个别辅导	理　科	经济与社会科学	文　科
个别帮助、深入学习、自主、方法学习、记录、发言、帮助定向	2 小时	2 小时	2 小时
个人学习	理　科	经济与社会科学	文　科
个人学习	1 小时	1 小时	1 小时

高中三年级课时表

必修课	各系列学生课时		
	理　科	经济与社会科学	文　科
哲　学	3 小时	4 小时	8 小时
地理—历史 供理科系列选择	2 小时	4 小时	4 小时
第一和第二外语	4 小时	4 小时	4 小时
体　育	2 小时	2 小时	2 小时
公民、法治与社会教育	0.5 小时	0.5 小时	0.5 小时
数　学	6 小时	4 小时	
物理科学	5 小时		
生命与地球科学或工程师科学 8 小时	3.5 小时		
经济与社会科学		5 小时	
法国文学			2 小时
外语讲授的外国文学			1.5 小时
文科系列选修课：艺术 5 小时、杂技艺术 8 小时，应用数学、第三外语、第一和第二外语深修、古语言或法律与当代世界重大挑战 经济与社会科学系列选修课：应用数学、社会科学、经济学深修。 理科系列选修课：数学、物理科学、生命与地球科学、信息与数字科学	2 小时	1.5 小时	3 小时
个别辅导 个别帮助、深入学习、自主等，突出本系列的学科特点	2 小时	2 小时	2 小时
学生总课时	28 小时	27 小时	27 小时

资料来源：Ministère de l'éducation nationale, Conference de presse, Vers un nouveau lycée en 2010，19，11，2009.

第五节　公民教育的教学方法

哈贝马斯说："公民既不是炫耀其权利的人，也不是顺从于合法权利的人，而是参与反观社会过程的意识主体。"[1]因而学校的公民教育不能是简单的说教，而是培养能够以批判的态度积极参与社会生活的自由与自主公民的一种学习过程。法国教育部关于公民、法治与社会教育的课程大纲规定，"学生可以依据其知识行使其公民资格，但这一知识是由学生在个人与集体的探寻中获得的"[2]。

自小学三年级开始的公民教育课中，每周要平均利用 1 课时在不同学科课程中解释有关公民教育的问题，用半课时进行专题讨论。在公民教育中，学生要学习做本市镇公民，学习做法国公民。

（1）学习做本市镇公民。学生开始熟悉本市镇的民主制度，参观市镇政府，认识当选者（市镇长、市镇议会）在学校事务和改善居民生活等方面的作用。

（2）学习做法国公民。初步认识共和国总统、政府和议会的职能，民主生活的不同形式：投票、选举的责任、公共生活中的承诺。

在小学，公民教育并不独立进行，而是一个跨学科的领域，融合在法语、历史与地理、科学常识等基础课程之中。

公民教育课在初中仍不是一个独立设置的学科，而是和历史与地理共同设置，每周为 3 课时。公民教育课主要由历史与地理课教师承担，大体每周半课时。但整个教学组其他教师，特别是班主任教师都有责

---

[1]　Habermas in "Le Monde des Débats" de Décembre 1999, in L'Éducation Civique Juridique et Sociale，Points de repère pour le lycée CEPEC. P. 9.

[2]　Programmes de la classe de seconde générale et technologique applicables à la rentrée 1999：Principes généraux. BO N°5 Hors série 5 Août 99.

任，其他学科也应参与公民教育。

高中公民、法治与社会教育课具有与初中不同的教学方法，教师讲授之外更重视辩论。

在辩论中，学生是主角，处于责任态势之中。首先，学生根据课程进展情况选择辩论题目。然后，进行辩论的组织，划分若干工作组，可能涉及新闻资料、历史文献、法律文献、网上或多媒体资料、调查或访谈、走访专家、整理资料等。之后，举行辩论会，要选举主持人，由报告人列举证据，开展正反方的辩论。教师负责监督辩论规则的执行情况，适当参与并作总结。最后，辩论的情况可以形成书面材料，在班级壁报或通过其他方式展示。

辩论的意义在于遵守规则，以理性论据形成共识，从而构成公民身份的实践学习。

时事讨论也是高中公民、法治与社会教育课的重要方法。地方的、全国的和国际的某个事件可以成为教师进行时事讨论的内容。对时事辩论的某个事件或一组事件的选择，通常要符合两个要求，一是能引起学生的兴趣，一是有助于阐发公民教育的范畴。时事事件一旦选定，就要广泛收集相关资料，然后将其置于历史背景之中分析，对不同观点进行梳理，求得一定的共识，从而实现公民教育的目的。

对于学生在高中公民、法治与社会教育课上的评估，主要看学生在各种活动中的积极程度，如在资料的准备、辩论的内容、撰写的文章等方面的情况。评价的标准主要有四个方面：

• 信息的收集与分析；

• （书面、口头、视听、数字化、多媒体……）产品质量；

• 辩论中的态度；

• 知识掌握。

关于生命伦理的讨论，课程大纲为教师提供可能的问题线索。在生命之始，生命的赋予可以有伦理、宗教、社会和技术的多种决定因素。

对于一些人并无生孩子的愿望，因此在何种情况下使身体产生生命便是人类应当思考的首要问题。

在生命过程中，总有对于健康的关心，有时还要面对疾病和痛苦。疾病并非是简单的肌体现象，而是患者面对医生，面对医疗小组和医疗机构的人类体验。他们之间对话的规则是什么？不仅需要有法律要求的行政规定，还需要社会决定对其成员实施或不实施过度的医疗救治。个人和集体对于健康的决定便具有伦理范畴。

在生命终结时，病人的死亡经常处于医疗技术和医疗机构实施救治的中心位置。救治时常面临这样的选择：痛苦的致命治疗或放弃治疗。有时器官移植可以为病人带来希望，但需要等待合适的可移植器官。如何决定生命的终结？捐赠器官的规则是什么？如何引导器官捐赠？这些问题都可能引起高中生的兴趣，并展开热烈讨论。

总之，法国学校公民教育比较重视教学方法，强调这一教育首先不是知识的获得，而是行为实践的学习。

第十章　公民教育的重构（2012年至今）

2012 年 5 月，法国社会党奥朗德政府开始执政，随即大刀阔斧地着手改革教育。在基础教育方面，提出改革的宏伟目标是重建共和国学校。关于教学内容，新政府提出重新界定共同基础，制定新课程，创建课程高级委员会。新的课程中，设立道德与公民课，突出强调世俗道德。

第一节　重建共和国学校

法国教育在自身发展过程中，不乏成功之处，在世界上也具有较大影响。但近十年来，法国教育中出现的问题也十分突出。学习困难的学生呈上升趋势，初中一年级学生中近五分之一存在书写困难。2000—2009 年间，15 岁学生中书写极度困难者的比例由 15％增加到 20％，增长幅度约为 30％。在数学和科学学科，法国学生成绩虽接近经合组织国家的平均水平，但已远离排行之首。2005 年法国就曾制定目标，使80％以上的学生获得高中毕业会考文凭，使 50％的学生获得高等教育文凭。但目前只有 72％的学生获得高中毕业会考文凭，36％的学生获得普通高中毕业会考文凭。2011 年，12％的 18—24 岁青年在离开学校时无文凭或只有初中毕业文凭。而这些学生失业的危险高于有文凭者两倍。①

其实，学业失败问题在初等教育中就已开始显现。据调查，在小学结束时，25% 的学生学习存在困难，15% 的学生学习极度困难。之后，学习优秀的学生和学习困难的学生之间的差距越来越大。如果法国教育系统不能有效地遏制这种差距，就可能导致社会不平等，失去部分社会群体的信任。在经合组织关于社会公正的排序中，法国在 34 个国家中列第 27 位，显示出教育结果在社会公正中的负面影响。这些不平等正在撞击着共和国的价值观和法国长期以来实现人人成功的国家承诺。

2012 年 7 月 5 日，法国总理让-马克·埃罗（Jean-Marc Ayrault）和教育部长樊尚·佩永（Vincent Peillon）共同发起了名为"重建共和国学校"的全国协商会议，就教育领域的改革问题展开全国范围的大讨论，讨论的基本目的就是减少社会不平等和社会歧视。

在国家层面，思考与讨论的四大主题为："为了所有人的学习成功""学生在学校重建的中心""有教养与有声誉的人""公正与有效的系统"。广大教师、学生、家长、教育行政管理者、学校行政人员、国会议员、工会代表、社会知名人士，以及经济界、社会界、文化界、体育界、科学界等诸多人士都参与了讨论。政府其他相关各部部长、各学区负责人和各级地方当局也被邀请参与讨论。

2012 年 10 月 3 日，关于"重建共和国学校"的全国协商会议结束。会议召集了 800 多名成员参与讨论，各专题的研讨会持续时间超过 300 个小时。在不到 3 个月的时间里，17.5 万网民访问了教育部专设的网站，8200 个网民留言发表意见。

2013 年 6 月 5 日和 6 月 25 日，法国国民议会和参议院分别讨论并通过了重建共和国学校的方向与规划法的草案。"重建共和国学校的方

---

① Ministère de l'éducation nationale, Rapport annexé-La programmation des moyens et les orientations de la refondation de l'École de la République. p. 5.

向与规划法"（La loi d'orientation et de programmation pour la refondation de l'École de la République）于 2013 年 7 月 9 日颁布。

"重建共和国学校的方向与规划法"的基本目标是建设公正的、高水平的和包容的学校，提高所有学生的水平和减少不平等。未来若干年的目标是使无文凭学生的人数减少一半，使 80％以上的学生获得高中毕业会考文凭，使 50％的学生获得高等教育文凭。

在基本资源投入方面，该法规定 5 年内，创建 6 万个教学职位，其中 5.4 万个在国民教育部，5 000 个在高等教育部，1 000 个在农业部所属学校中。在国民教育部，首要的投入在师资培训，2.6 万个职位将致力于重建真正的教师初始培训，用于替补即将退休的教师和增添新的实习教师。另外，创建 1 000 个职位用于补充大学承担师资与教育高等学校教学力量的不足。

增加的教师职位为 2.1 万，其中三分之二在初等教育。新补充的教师人数为 3 000 名，主要目的是满足扩大 3 岁以下儿童入学规模的师资需求，特别是在教育优先区内和偏僻农村区域。

在教学改革方面，为了适应新的教学法，改善学生的学习成绩，新法拟增加 7 000 名教师。另外 4 000 名新增教师，主要在于纠正前些年因取消某些教学岗位而产生的区域之间教师比例不平衡的问题。

此法推出了基础教育改革的 25 项关键措施：

（1）实施新的教师职业的初始与继续培训，促进教学实践的变革。

• 创建师资与教育高等学校。

• 新的教师职业的初始培训。

（2）赋予初等学校优先地位，保证基础学习和缩小不平等。

• 有利于小学的经费平衡。

• 采取"教师多余班级"的措施。

• 增加 3 岁以下儿童的入学人数。

• 重新定义小学使命。

· 设置帮助乡镇政府实施新课时的专门经费。

（3）让学校进入数字时代。

· 实施数字教育。

· 创建数字教学的公共服务。

· 扩大教学领域。

· 明确国家与地方政府的责任分工。

（4）调整教学内容。

· 重新界定共同基础，制定新课程。

· 创建课程高级委员会。

· 设立道德与公民课。

· 设立艺术与文化教育课。

· 从小学一年级开始开设外语必修课。

（5）保证幼儿学校至初中学习的渐进性。

· 重申与重新界定教学阶段系统。

· 便利小学与初中的过渡。

· 重新思考对困难学生的帮助。

（6）让所有人在中等教育中获得成功，并能在最佳条件中进入职业
生涯。

· 改革统一初中。

· 使所有人获得最初的被社会认可的职业资格。

· 改革初始职业培训的结构。

（7）使学校的合作者的联系更加密切，更好评估教育系统。

· 实施地方教育计划。

· 地方政府对学校管理更加紧密。

· 创建国家教育系统评估委员会。

在这些改革措施中，核心改革是设置师资与教育高等学校，调整学
校作息时间，让学校进入数字时代。

2014 年 4 月 2 日，法国政府改组，原来的国民教育部同高等教育与研究部合并，贝努瓦·阿蒙（Benoît Hamon）被任命为新组建的国民教育部、高等教育与研究部部长。阿蒙基本上延续前国民教育部长佩永制定的重建共和国学校的改革路线图，还表示不变更社会敏感的学校课时改革原则，并制定了新课时制度的补充条例。

当然，重建共和国学校并非意味着将学校制度推倒重来。政治家总是喜欢用大字眼吸引民众的眼球，学校建设绝非一日之功，改革只能是在原来基础上的调整与完善。正是在这个意义上，法国重建共和国学校不过是一次规模较大的改革，既不可能存在多大风险，也不能指望有突飞猛进的成功。

第二节　学校世俗化宪章

1989 年 9 月 18 日，一所初级中学的校长阻止了三个戴伊斯兰面纱的女生入校。这一"面纱事件"在法国社会上引起了一场轩然大波。由于法国人口中伊斯兰裔的移民比例较大，尊重民族文化和教育世俗化两种社会舆论针锋相对。但法国政府丝毫没有让步，最终经议会于 2004 年 3 月 15 日通过了一项关于坚持教育世俗化的法律。这一法律规定："在公立小学、初中和高中，禁止学生公然佩戴宗教标志。"[1] 根据这项法律，公立学校内不准学生佩戴各类具有明显宗教色彩的饰物，如伊斯兰教的面纱、犹太教的六角星、基督教的十字架等。这一法律的意义是重申了世俗化的教育原则，强调学校的任务是传授共和国的价值观，如人类具有平等的尊严、男女平等，包括自己选择生活方式的个人自由，但绝不允许有任何宗教色彩的言行干涉学校教育。

① loi du 15 mars 2004.

　　法律不足以解决宗教信仰冲突和学校的世俗道德问题，教育部部长佩永于 2013 年 9 月 9 日在巴黎郊区的一所中学首次公布了《学校世俗化宪章》①。宪章共 15 条，重申了宗教与国家分离的原则，反对宗教布道热忱，强调学校课程优先于家庭信仰，再次禁止佩戴宗教标志入校，其主要内容如下：

　　（1）法国是不可分割的、世俗的、民主的和社会的共和国。她保证其整个领土上的所有公民在法律面前的平等。她尊重所有信仰。

　　（2）世俗的共和国实施宗教与国家的分离。国家在宗教与精神信仰上保持中立。没有国家的宗教。

　　（3）世俗化保证所有人的信仰自由。每个人可以自由地信仰或不信仰。它允许个人信仰在尊重他人信仰和社会秩序的范围内的自由表达。

　　（4）世俗化允许行使公民权利，只要符合每个人的自由和平等的原则，同时在普遍利益中爱护所有人。

　　（5）共和国保证在学校机构内尊重这些原则。

　　（6）学校世俗化为学生提供了锻炼个性的条件，使他们能够自由判断，养成公民能力。它保护学生免受信仰蛊惑和妨碍学生自己选择的所有外界压力。

　　（7）世俗化保证学生接受共同文化。

　　（8）世俗化保证学生在学校良好运行中行使自由表达的权利，即能够尊重共和国的价值和信仰的多元化。

　　（9）世俗化意味着摒弃所有暴力和所有歧视，保证男女平等，并建立在尊重文化和理解他人的基础之上。

　　（10）向学生传授世俗化的意义和价值，以及共和国的其他基本原则是学校所有人的责任。他们应当监督学生在学校内遵守这些原则的状况。他们还应当让学生家长了解本宪章。

---

　　①　Charte de la laïcité à l'École. http：//www. education. gouv. fr/cid73666/charte-de-la-laicite-a-l-ecole. html（2013-9-10）

（11）学校人员应当恪守中立：他们不应在履行工作职能时显露政治或宗教信仰。

（12）教学是世俗的。为了保证学生对于世界多重视野的开放与客观，任何主题在科学与教学的问题中都不具有优先地位。任何学生不得以某一宗教或政治信仰反对教师讲授课程中某一问题的权利。

（13）任何人不得以其宗教归属拒绝执行共和国学校的规则。

（14）在公立学校中，内部规定中的各场所的生活准则须遵循世俗化。禁止学生佩戴或穿着具有明显宗教色彩的饰物或服装。

（15）为了规范学生的思想与行动，学生应当促进学校中的世俗化。

宪章可以视为教育世俗化法的补充，它不仅要求学生遵守保证大家共处的规则，特别是帮助学生理解这些规则的意义。学校的世俗化并不会侵犯个人自由，相反是实现自由的必要条件。学校世俗化也不会禁止宗教信仰，而是保证学生待遇的平等和所有公民具有平等的尊严。学校世俗化拒绝任何不宽容和排斥，并且是相互尊重和博爱的基础。

第三节　世俗道德

自 1968 年五月学潮之后，"道德"在法国便成了敏感字眼。但随着社会形势的变化，法国学校中的道德问题愈加突出，恢复道德教育势在必行。继 1985 年教育部长舍韦内芒在学校恢复公民教育之后，教育部长达尔科斯（Xavier Darcos）不动声色地把道德教育附着于公民教育之上，称为"公民与道德教育"（instruction civique et morale）。达尔科斯在谈到新课程时指出，在这一学科教学中，通过从简单的礼貌规则到民主生活组织规则的观察，将使儿童逐步学习社会关系结构中的价值、原

则和规则。^①

2011 年 8 月，法国教育部长吕克·沙戴尔（Luc Chatel）接受《巴黎人》(le Parisien) 的访谈时更是底气十足地宣布："我要让道德重返学校。"沙戴尔说，在小学的所有班级，不一定每天上午，但要尽可能规律性地开展几分钟的道德讨论。比如，正确与错误，遵守规则，勇敢，坦诚，隐私权……教师应当传授某些价值，学校是宽容的场所，是彼此尊重的场所。在学校，不仅要学习课程内容，还要付诸行动，这将使我们终生受用。^②

2012 年 8 月，法国国民教育部长樊尚·佩永（Vincent Peillon）提出在中小学开设"世俗道德"（morale laïque）课程。

根据佩永的解释，世俗道德是一种独立于任何宗教信仰的道德，这种道德建立于理性、普世价值和人道主义之上，是为了感受与理解人的意义和担当。这是共和国的道德，这是自由的道德，一种由义务约束的自由的道德。这也是平等的道德，是建立在所有公民享有平等并保证所有学生受到平等待遇的道德。这还是博爱的道德，它包含着学校传授相互尊重、团结一致等核心价值。^③

曾任中学哲学教师的佩永，对法国大革命有过专门研究。他认为，法国大革命并未结束，只不过因为一些当时尚未出现的事物而中断。革命是一种超历史的事件，即类似宗教的事件。革命意味着对革命前事件的全面失忆。在他看来，学校的基本任务是剥离附着在儿童身上所有前共和国的东西，以便培养成公民。^④

---

① Xavier Darcos. Présentation des nouveaux programmes du primaire，20/02/2008. http：// www. education. gouv. fr/cid21007/presentation-des-nouveaux-programmes-du-primaire. html

② Luc Chatel . Je fais revenir la morale à l'école. http：//www. leparisien. fr/societe/luc-chatel-je-fais-revenir-la-morale-a-l-ecole-31-08-2011-1585860. php

③ Ariane Loannides et Richard Robert. A-t-on besoin de morale laïque ? Les idées en mouvement le mensuel de la Ligue de l'enseignement n° 204 Décembre 2012. http：//politique. eu. org/spip. php? article2731

④ Vincent Peillon. La Révolution Française n'est pas terminée. Ed. du Seuil-2008. http：// tychique. net/pdf/Vincent _ Peillon. pdf

为了实施世俗道德课程，教育部长佩永于 2012 年 12 月 12 日委托里尔大学讲师罗菲尔（Laurence Loeffel）女士对小学至高中的公民与道德教育进行整体思考，并对世俗道德的基础与模式加以解释，为将来的公民与道德教育课程提供依据。罗菲尔女士与另外两名合作者于 2013 年 4 月 22 日向教育部部长佩永提交了题为"世俗道德：为了道德的世俗教育"① 的报告，全面阐释了道德与道德教育的意义。

报告提出了"最低道德"和"最高道德"的概念。"最低道德"（morales minimales）可以理解为不要故意伤人，而不必要求其高尚、无私。"最高道德"（morales maximale）则包含完整的价值和行为规范，不仅不会伤害他人，还能尊重他人，尊重自己，甚至为了整体利益而牺牲个人利益，能够奉献，能做善事。学校在传统上就是连接个人利益和公众利益的场所，今天的现代社会学校的使命仍将是致力于寻求个人利益和公众利益之间的平衡。②

那么，为什么在 21 世纪的今天法国政府突然提出"世俗道德"呢？饶勒斯（Jean Jaurès）③ 这样说，"教师经常忽视把道德教育作为公民教育的内容，公民教育似乎更为详细、更为具体，但他们忘记只有通过道德教育，公民教育才有意义，才有价值。因为宪法保证所有公民的政治自由，实现或准备实现社会平等，并具有尊重人类和人类尊严的精神"④。在关于世俗道德的讨论中，饶勒斯这句话时常被提起，似乎在提醒今天的法国人，公民教育不能完全替代道德教育，道德教育有其独特的意义。

实际上，今天的法国在政治制度相对稳定之后，正在经历不同意识

---

① Laurence Loeffel. Morale laïque：pour un enseignement laïque de la morale. http：//www. education. gouv. fr/cid71583/morale-laique-pour-un-enseignement-laique-de-la-morale. html

② Laurence Loeffel. Morale laïque：pour un enseignement laïque de la morale. p. 9.

③ 让·饶勒斯（1859—1914），法国社会主义领导者，最早提倡社会民主主义的人物之一。他所宣扬的和平主义是最为人所知的，他并且预言了第一次世界大战的发生，却在第一次世界大战爆发前夕被暗杀身亡。

④ Jean Jaurès. L'enseignement de la morale, La Dépêche de Toulouse, 3 juin 1892.

形态和不同阶级利益冲突的考验。

首先，法国社会正面临一种价值观和民族意识的危机。在法国民族融合历史上的恩恩怨怨不时被提起，民族分离与冲突的情绪悄然滋长。一些人群的民族或种族意识的增长，导致对其他人群的漠视，特别是对民族和国家统一的漠视。学校的责任就是通过世俗道德的教育唤醒人们的认知与理性。

其次，在当代法国社会中，人与人之间的关系并不存在一种共同利益。社会的统一既无法由某一共同的宗教维系，也不能依靠强权来支持。道德教育在学校教育中有所缺失。虽然初等教育中开设了"公民与道德教育"课，但在中等教育中只有公民教育，道德教育消失了。

最后，在城市化进程中，现代社会状态与传统农村显著不同。城市不再是团结的共同体，也缺乏互相监督的机制。

佩永提出，世俗道德还与宗教道德有关。宗教道德通常表现出不宽容，几乎所有宗教都宣称其宗教一贯正确，强调其"权威性"，要求人们相信其教条，同时排斥其他宗教，甚至视其他宗教为歪理邪说。宗教道德也不承认变革，天不变道亦不变。民主社会倡导的道德只能是世俗道德，只是能够被整个社会接受的一些基本原则。

第四节　公民教育的新模式

经过关于世俗道德的讨论，公民教育的新模式呼之欲出。2014 年 7 月 3 日，法国课程高级委员会公布了"道德与公民教育计划"（Projet d'Enseignement moral et civique）。

道德与公民教育计划首先强调道德与公民教育的基本原则，指出："道德教育并非仅仅是学校的行为与责任，道德教育开始于家庭。道德教育中所传递的价值与规范应当被所有人接受，不论其宗教信仰和个人生活选择如何。……认知与能力并非并列，它们融于一种文化之中。……道德与公民教育的目的是促进民主社会中共同生活能力的发展。"①

该计划将道德教育中所传递的价值与规范划分为三类。

第一类属于自主与自由原则：思想与表达自由、向他人开放、相互宽容。

第二类属于纪律和公民社区原则：遵守法律、平等待人、拒绝歧视、团结互助、关心普遍利益、参与民主生活。

第三类属于学校学习不可或缺的道德与公民状态，如对话与思想交锋的兴趣、批评精神的发展、追求真理的兴趣。

计划要求这些价值与规范只能在学校中适当的教育和教学环境中传递，如讨论、论证、共同计划、合作等方式，其教学需要内容与方法的适应。计划建议应当为道德与公民教育课程安排专门的课时。

道德与公民教育计划提出了关于道德与公民教育结构的新设想，认为"道德与公民素养"（La culture morale et civique）由相互关联的四个维度构成：感受、规范、认识、实践。每个素养又由能力和认知构成。

关于"感受的素养"（culture de la sensibilité），计划这样定义："感受是道德与公民生活的重要组成部分，如果没有感动、热情或鄙视，就没有道德意识。但这种感受应当在最初的情感表达之后加以思考，提炼其感动的原因，并用词汇表述和讨论。"②

对"感受的素养"要求的"相应能力"（Compétences correspondantes）是：

• 自我评价。能够了解自己，有自信心。

• 能够确定和命名其感受与情感。

• 能够怜悯。能够设身处地地关心他人。

---

① Projet d'Enseignement moral et civique. 3 juillet 2014. www. education. gouv. fr

② Projet d'Enseignement moral et civique. 3 juillet 2014. p. 2. www. education. gouv. fr

- 能够表达与控制其感受与情感。
- 感受到是一个集体的成员。

对"感受的素养"也要求一定的"认知"。计划认为，道德与公民感受的素养是在具体的学校生活中构建与炼成，也可以通过各学科的著作与文字获得。词汇的掌握可以同感受与情感的确定和命名相联系。

关于"规范与法律的素养"（Culture de la règle et du droit），是指在班级和学校中具有规范的意识。目的是懂得在民主社会中为什么共同价值具有实际力量。未来公民应当在规范和法律框架内表达自己意愿。

规范与法律的素养要求的相应能力主要为：

- 理解人类与民主社会中的原则与价值。
- 理解在民主社会中服从规则和法律的道理。
- 理解共同规则可以禁止、强制并具有权威性。
- 学会在适当范围内参与制定共同规则。
- 能够使其着装、语言和姿态符合不同的生活环境。
- 知道不同层级的惩戒以及惩戒是一种教育。

同时要求知晓重大的人权宣言和第五共和国宪法的序言。知晓一些重大规则、宪章、法律、宪法、国际公约等各种规范文献。

关于"判断的素养"（Culture du jugement），计划指出："道德判断的形成应当能够使每个人理解和讨论在其生活中的道德选择。这是一种教育的结果，它要求学生理解不同形式的道德推理，对道德问题的复杂性进行论证与思考。学生是逐渐获得思维独立性和行为责任人的主体，道德判断的发展随其年龄增长，并在问题情境中提高分析、辩论、交流、观点交锋的能力，还依赖于在书写与口头表达中的语言能力的增长。"[①]

"判断的素养"也要求具备相应能力：

- 能够发展批判思维的能力以建立自己的判断。

---

① Projet d'Enseignement moral et civique. 3 juillet 2014. p. 4. www. education. gouv. fr

• 能够在讨论中论证自己的判断并面对他人的判断。

• 能够寻找道德判断的有效标准。

• 能够在论证辩论之后质疑与修正自己的最初判断。

• 能够区别个人特殊利益与普遍利益。

"判断的素养"的认知涉及各个学科，不同推理方式应当有助于形成关于判断的素养，特别是突出其道德范畴，例如，学习从简单的观点中辨别合理的认识，学习论证，学习批判分析文献、著作或其他信息资源。

关于"承诺的素养"（Culture de l'engagement），我们不能设想一个旨在培养人与公民的教育，而不考虑将其在学校环境中加以实施。学校应当使学生成为个人选择的行动者，作为班级和学校成员的社会生活参与者。合作精神应当受到鼓励，对他人负责的态度应在现实中体现。

"承诺的素养"包含以下相应能力：

• 能够尊重自己和他人的承诺。

• 能够承担公共生活和环境中的责任，发展公民与环境的意识。

• 能够自主工作并与他人合作。

• 参与学校生活中各种行动、计划、组织。

• 逐渐参与各层次的集体生活。

关于承诺的素养依赖于对第五共和国机构、宪法价值、标志、来源、变革的认识和它们在集体生活组织中的地位的认识。

道德与公民教育计划对小学、初中、高中的不同阶段的道德与公民教育课程提出不同的总体要求，对每个阶段的能力、认知和实践样本同时提出建议。每个阶段的教学委员会可以根据教学的具体情况确定教学进程。

当然此道德与公民教育设计，还仅仅是计划，需要进一步征求教育界及其他社会各界的认同，并有待于政府最后决策。

小学道德与公民教育表

表 1　关于感受的素养：自我与他人

能　力	知识与教学目标	在班级与学校的实践样本
自我评价。能够关注自己，有自信心。 能够确定和命名其感受与情感。 能够怜悯。能够设身处地地关心他人。 能够表达与控制其感受与情感。 感受到自己是一个集体的成员。	认识自己与他人：尊重差异、相互认识、宽容。 人的完整性：尊重同伴与成人。 关注：语言与身体（礼貌用语、关心身体、关心身边与远处环境、关心个人与集体财产）。 认识与再认基础情感（恐惧、气愤、悲伤、愉悦）。 认识与构建感受与情感的词汇。 情感与感受的各种表现。 初步了解交流的规则。 初步认识法兰西共和国价值和标志：国旗、国歌、纪念物、国庆日。 救助他人（怜悯的情感、实践"学习救助"中的条款）。	认识自己与他人： • 可视艺术：肖像与自画像。 人的完整性： • 种族主义：展示由教育部批准的基金会和协会开发的媒体资料。 • 残障状态，校内融合的实践。 关注： • 通过舞蹈培养对身体关心的意识。 认识与再认基础情感： • 学习"信息技术"，以表达对同学的情感。 • 戏剧游戏、哑剧。 • 艺术语言：艺术家的表述和情感文学。 共和国价值和标志： • 形象艺术：艺术作品中的玛丽亚娜、国旗。

表 2   关于规则与法律的素养：与他人相处的原则

能　力	知识与教学目标	在班级与学校的实践样本
理解人类与民主社会中的原则与价值。 　理解在民主社会中服从规则和法律的道理。 　理解共同规则可以禁止、强制并具有权威性。 　学会在适当范围内参与制定共同规则。 　能够使其着装、语言和姿态符合不同的生活环境。 　知道不同层级的惩戒以及惩戒是一种教育。	权利与义务：人的、学生的、公民的权利与义务。 　个人与集体：不同环境中遵守规则、内部规章、惩戒。 　儿童和学生的权利与义务。 　法律基础：公民权利与义务。 　规则与法律的语汇知识（法律、权利、规则、规章、惩罚、契约、司法）。 　道路法规（学习道路法规、结合初级路规学习证明）。	权利与义务： 　•哲学范畴的讨论：学生的权利与义务。 　•在全部学校生活中男女学生的权利平等。 　•学生委员会（规则的意义、权利与义务、惩戒的意义）。 　•在规则起草过程中学生的参与。 　个人与集体： 　•体育课：集体游戏。 　•在（语法、变位、数学）的探究活动中学习分担任务，在（体育、音乐、可视艺术）中或在（科学）试验中合作。

表 3   关于判断的素养：自我思考并与他人思考

能　力	知识与教学目标	在班级与学校的实践样本
能够发展批判思维的能力，以建立自己的判断。 　能够在讨论中论证自己的判断并面对他人的判断。 　能够寻找道德判断的有效标准。 　能够在论证辩论之后质疑与修正自己的最初判断。 　能够区别个人特殊利益与普遍利益。	道德判断（公正与非公正、判断良好行为或不良行为的理性、选择）。 　个人与集体（个人与集体的价值、个人利益与普遍利益）。 　价值与制度：学校世俗化宪章。 　应用数字化技术的责任感。 　救助他人（辨别的意义、实践"学习救助"中的条款）。	道德判断： 　•从一些（神话、故事、班级生活的场景）描述感受公正与非公正和偏见。 　•简单的道德困境。 　•认识若干简单的论证结构（连词、词汇表）。 　学校世俗化：日历、节日及其来源。学校世俗化宪章的若干重要原则。

表 4　关于承诺的素养：个人行动与集体行动

能　　力	知识与教学目标	在班级与学校的实践样本
能够尊重自己和他人的承诺。 能够承担公共生活和环境中的责任，发展公民与环境的意识。 能够自主工作并与他人合作。 参与学校生活中各种行动、计划、组织。 逐渐参与各层次的集体生活。	道德承诺：信任、许诺、合作、互助、团结。 个人与集体：民主参与。 学校、村镇、社区等地方层面的团结。 救助他人（实际行动尝试、实践"学习救助"中的条款）。 道路法规（感受驾驶责任、结合初级路规学习证明）。	个人与集体： • 鼓励互助行为，如同学互助、合作。 • 鼓励与倡导自主，在班级和学校中负责。 • 学生团组制定与实施计划。 道德承诺： • 让学生感受若干伟大女性和男性人物的科学与人文承诺。 • 实践班级的团结行动承诺或实现教育部倡导的改善环境承诺。

结论：法国公民教育的出路

法国旧制度尚未解体之前，公民教育便在法国酝酿。经过百余年的准备，公民教育在法国初等教育中设立。至今二百多年的历程中，法国公民教育的价值经过诸多变迁。

价值，或价值观，是构建社会基本规则的基础。毫无疑问，学校公民教育承担着传递社会主流价值、培养未来社会的合格公民的历史重任。法国早期的公民教育偏重于学习政治制度，承担纳税、守法等公民责任。近期的公民教育更强调尊重多元文化，学会宽容，学会共处。

在人的发展方面，我们往往希望把学生培养成自主、自由的人，具有负责精神的人，具有开放品格的人，懂得宽容的人。在社会发展方面，我们又希望儿童遵守法律规则和社会秩序，接受社会的主流价值，维护社会的稳定。但是，是培养具有批判精神的自由公民，还是培养仅仅驯服于法律和社会规则的公民呢？[1] 于是公民教育经常会处于自由开放与遵纪守法的张力之中。

其实，一个社会要得以维系，应当尽可能地减少不公正，而法律便是维护公正与正义的有力工具。但是，社会公正仅靠法律还不够，因为法律不能禁止利己主义、不宽容、歧视、仇恨。法律应当建立在一定的道德基础之上，因此法国今天又在倡导传统道德。

---

① Audigier François. Enseigner la société, transmettre des valeurs, la formation civique et l'éducation aux droits de l'homme: une mission ancienne, des problèmes permanents, un projet toujours actuel, Revue française de pédagogie n°94, janvier-février-mars, 1991. p. 37—48.

　　然而，法国昔日之道德非今日之道德。"高卢人——我们的祖先"这一长期形成的观念已不适用于法国今天的社会人口构成。宣扬文化多元主义的未曾预料的结果，是民族主义的滋生，而民族主义的情绪膨胀，将会导致社会的四分五裂。因此，法国又在探讨世俗道德或共同道德。遵循这种道德，就是在尊重人们的多元文化的同时，接受一种共同文化。这种文化应当超越各个政党、各个民族、各个阶级。

　　在法国，公民教育长期以来已经作为一个学科存在于中小学，但是法国并未将公民教育纳入教师培训之中，没有专门的公民教育学科的教师队伍，公民教育课程通常由历史和地理教师担任。这样，担任公民教育课程的教师往往被边缘化，当然也没有任何教师团体像数学教师同盟或法语教师同盟那样的协会组织为本学科的教师捍卫自身利益。

　　所有这些问题，都是法国公民教育面临的挑战。如果这些问题能得到解决，法国公民教育才会有真正的出路。

参 考 文 献

［1］François Audigier. L'éducation civique dans l'école française ［EB/OL］. http：//www. sowi-onlinejournal. de/2002-2/france _ audigier. htm

［2］Alain Bergounioux，Laurence Loeffel，Rémy Schwartz. Pour un enseignement laïque dela morale ［J］. Rapport remis à Vincent Peillon，ministre de l'éducation nationale，Lundi 22 avril 2013.

［3］Paul Bert. L'instruction civique à l'école：notions fondamentales ［J］. Picard-Bernheim，Paris. 1881.

［4］Jean Baubérot. Histoire de la laïcité ［J］. CRDP，Besançon，1994.

［5］Jean Baubérot. Laïcité et morale laïque ［EB/OL］. https：// halshs. archives-ouvertes. fr/file/index/docid/35483/filename/Bauberot _ 1993 _ Ferveurs. pdf

［6］Gabriel Bouquie. Plan général d'instruction publique. Les Comités d'instruction publique sous la révolution. Cahiers recherches et théories ［M］. département de philosophie (UQAM)，presses L'université du québec，1992.

［7］Claude Brette. Les hussards noirs. De la république ？ Un questionnement aujourd'hui ［EB/OL］. http：//probo. free. fr/textes _ amis/les _ hussards-noirs-c _ brette. pdf

［8］ Giordano Bruno. Le Tour de la France par deux enfants. Belin，Paris ［EB/OL］. http：//www. demassieux. fr/TDFWeb/pdf/TDFVariations _ 1923 _ 1877 _ web. pdf

［9］ Georges Burdeau. Droit constitutionnel et institutions politiques ［M］.

［10］ Caradeuc de la Chalotais，Essai d'éducation nationale ou Plan d'études pour la jeunesse （1763），édition critique présentée et commentée par Robert Grande route，Saint Étienne ［M］. CNRS éditions-Publications de l'université de Saint-Étienne，1996.

［11］ M. Chocquet，les devois du jeune Français，Paris，Limoges ［M］. Nancy，Charles-Lavauzelle，1942.

［12］ Maurice Crubellier. L'enfance et la jeunesse dans la société française 1880—1950 ［M］. Colin，Paris，1979.

［13］ Colette Crémieux. La citoyenneté à l'école ［M］. Syros，Paris，1998.

［14］ Kiyonobu Date-Tedo. L'histoire religieuse au miroir de la morale laïque au XIXe siècle en France ［M］.

［15］ Yves Déloye. École et citoyenneté ［M］. L'individualisme républicain de Jules Ferry à Vichy：controverses. Paris，1994.

［16］ Dimitri Demnard，Dominique Fourment，Dictionnaire d'histoire de l'enseignement ［M］. Paris，Jean-Pierre Delarge，1981.

［17］ Diderot d'Alembert，Encyclopédie ［M］. 2ème édition，1759，

T. 3.

[18] Jeun Dubut. Cours de morale et instruction civique [M]. Paris，Collection de l'école universelle par corespondance de Paris，1942.

[19] Corinne Doria. L'éducation morale dans les projets de loi sur l'instruction publique pendant la Révolution：un miroir des antinomies des Lumières [J]. La Révolution française，2013，4.

[20] E. Durkheim. Education et Sociologie [J]. PUF，Paris，1992.

[21] Guizot. Lettre aux instituteurs primaires. Paris，18 juillet 1833 [EB/OL]. http：//frantan. elte. hu/devenyi/civ-ea-2/Doc3 _ Guizot-Lettre-instituteurs. pdf

[22] Jules Ferry. Lettre aux instituteurs [EB/OL]. http：//www2. cndp. fr/laicite/pdf/Jferry _ circulaire. pdf

[23] Michel-Ange Jabouley. Pourquoi nous en sommes là：Leçons du passé，tâches de l'avenir 1941 [M]. Editions Mignard，Paris.

[24] Juliette Fontaine. Les 《hussards》 dans les années noires：Formes et fondements de la mobilisation des instituteurs sous Vichy [M]. Congrès AFSP Paris 2013.

[25] IGEN. L'École aujourd'hui [M]. 2003.

[26] Louis Legrand. L'influence du positivisme dans l'oeuvre scolaire de Jules Ferry [J]. Rivière，1961.

[27] Louis Legrand. Enseigner la morale aujourd' hui? [J] PUF，Paris，1991.

［28］ Guy Lheureux. Le problème de l'Education Morale en France au XXè siècle dans l'enseignement primaire ［M］. Thèse, Université Rennes 2. 2012.

［29］ Laurence Loeffel. (dir.), école, morale laïque et citoyenneté aujourd'hui ［M］. Villeneuve-d'Ascq: Presses universitaires du Septentrion, 2009.

［30］ Laurence Loeffel. Morale laïque: pour un enseignement laïque de la morale ［M］. http: //www. education. gouv. fr/cid71583/morale-laique-pour-un-enseignement-laique-de-la-morale. html

［31］ Philippe Marchand, L'instruction civique en france ［EB/OL］. http: //spirale-edu-revue. fr/IMG/pdf/Marchand ＿ Philippe ＿ L ＿ instruction ＿ civique ＿ en ＿ France. ＿ Quelques ＿ elements ＿ d ＿ histoire ＿ - ＿ Spirale ＿ 7 ＿ 1992 ＿ . pdf

［32］ Françoise Mayeur. Histoire générale de l'enseignement et de l'éducation en France, 1789—1930 ［M］. tome 3, Perrin, Paris, 2004.

［33］ Ministère de l'éducation nationale de la recherche et de la technologie, Rapport final du comité d'organisation, Quel savoirs enseigner dans les lycées? ［M］ le 11 mai 1998.

［34］ Ministère de l'éducation nationale, Améliorer l'efficacité de l'école primaire, rapport de l'Inspection générale de l'éducation nationale remis à Ségolène Royal en juillet 1998.

［35］ Ministère de l'éducation nationale, de l'enseignement supérieur et de la recherche, Existe-t-il un modèle éducatif français? ［M］ La revue de l'inspection générale，Septembre 2006.

[36] Sabine Monchambert. l'Enseignement privé en France [J].
PUF，Paris. 1993.

[37] Alain Mougniotte，Les débuts de l'éducation civique en France
[M]. Lyon，Presses Universitairesde Lyon，1991.

[38] Jean-Pierre Obin. Questions pour l'éducation civique [M].
Paris，Hachette，2000.

[39] Leplan Langevin-Wallon. In Martine Allaire et Marie-Thérrie
Frank，Les politiques de l'éducation en France [M]. La documentation
Française，Paris，1995.

[40] Jacques Ozouf. Nous，les maîres d'école [J]. Gallimard，Paris，
1967.

[41] Edwy Plenel. La République inachevée，l'état et l'école en France
[M]. Paris，Payot，1988.

[42] Antoine Prost，Histoire de l'enseignement et de l'éducation，
tome IV：L'Ecole etla Famille dans une société en mutation，depuis 1930
[J]. tome 4，Perrin，Paris，2004.

[43] Antoine Prost. La laïcité et l'école de 1905 à 1945，Actes du
colloque La laïcité：des débats，une histoire，un avenir（1789—2005）
organisé sous le haut patronage de M. Christian Poncelet，Président du
Sénat，en partenariat avec le Comité d'Histoire Parlementaire et Politique，
4 février 2005 [EB/OL]. http：//www. senat. fr/colloques/actes _

laicite/actes _ laicite4. html

［44］Gilbert Romme. Rapport sur l'instruction publique，Les Comités d'instruction publique sous la révolution. Cahiers recherches et théories ［M］. département de philosophie（UQAM），presses L'université du Québec，1992.

［45］Michel Rouche，François Lebrun，Marc Venard，Jean Quéniart. Histoire générale de l'enseignement et de l'éducation en France ［J］. tome 2，Perrin，Paris，2004.

［46］Dominique Schnapper，Qu'est-ce que la citoyenneté ? ［J］Paris，Gallimard，2000.

［47］Bernard Stasi，rapport de la Commission sur l'application du principe de laïcité dans la République，le 11 décembre 2003 ［EB/OL］. http：//lesrapports. ladocumentationfrancaise. fr/BRP/034000725/0000. pdf

［48］Talleyrand. Rapport sur l'Instruction Publique，les 10，11 et 19 Septembre 1791. Les Comités d'instruction publique sous la révolution. Cahiers recherches et théories. département de philosophie（uqam）［M］. presses L'université du québec，1992.

［49］Marie-Thérèse Frank，Martine Allaire. Les politiques de l'education en france. De la maternelle au baccalauréat ［J］. La Documentation Française. Paris，1995.

［50］Louis Trénard. Enseignement et instruction civique en France de 1762 à 1799 ［M］.

[51] Jean Vial. Histoire de l'éducation [J]. PUF, Paris, 1979.

[52] Claude Thélot, Pour la réussite de tous les élèves, Rapport de la Commission du débat national sur l'avenir de l'École [J]. La documentation Française, Paris, 2004.

[53] Agnès Van Zanten. Dictionnaire de l'éducation [J]. PUF, Paris 2008.

[54] Pierre Zind. L'Enseignement religieux dans l'instruction primaire publique en France de 1850 à 1873 [J]. Lyon, Centre histoire du catholicisme 1971.